TARIFF WAR
관세전쟁

관세전쟁

전 세계를 뒤흔드는
트럼프 2.0 시대
최악의 충격파

TARIFF
WAR

트럼프가 일으킨 21세기 경제 핵전쟁

누구도 경험하지 못한
전대미문의 경제 위기

관세전쟁의 최종
목적지는 어디인가?

개인과 기업은 어떻게
생존할 것인가?

추동훈, 이승주, 강영연 지음

한스미디어

서 문

돌아온 트럼프, 관세전쟁의 서막

2025년, 도널드 트럼프가 돌아왔다. 그의 귀환은 세계 질서에 또 다른 변곡점을 만들어냈다. 4년 만에 복귀한 트럼프 2기 행정부는 이전보다 강하고 공격적인 정책으로 무장했다. 그의 정책은 훨씬 맵고 짜게 변했다. 이는 전 세계 경제구조를 뒤흔드는 듣도 보도 못한 레시피다.

그가 꺼내든 '미국 우선주의(America First) 2.0'은 '미국을 다시 위대하게(Make America Great Again)'보다 간결하지만 더 묵직하다. 후자가 지지자와 대중을 선동하는 정치적 구호였다면, 전자는 전 세계를 향해 꺼내든 날카로운 양날검이다. 경제를 중심으로 무역, 외교, 안보를 하나로 엮어 미국 중심의 새로운 세계 질서를 만들어내려는 트럼프의 노골적 의도를 선명하게 담은 무기다. 그리고 재집권 초기에 이를 수행하는 핵심 첨병이 바로 '관세'다.

관세전쟁(Tariff War)은 더 이상 경제지표 몇 줄로 요약될 수 있는 간단한 개념이 아니다. 그것은 세계 경제를 뒤흔들려는 트럼프의 복잡한 셈법이자, 미국식 패권주의의 새로운 표현 방식이다. 중국에 집중했던 트럼프 1기와 대조적으로 2025년 트럼프는 한국, 일본, 유럽연합(EU), 캐나다처럼 전통적인 미국의 동맹국들과도 전쟁을 선포했다. 관세는 이제 그 자체로 미국의 외교 수단이면서 지정학적 메시지다. 표면적으로는 '거래 조건'이지만 실질적으로는 '압박 도구'로 쓰이고 있다.

트럼프 재집권 이후 첫 100일 동안 미국은 철강, 알루미늄, 자동차, 반도체, 의약품 등 거의 모든 산업을 관세의 영향권 아래 두고 있다. '국가안보'와 '경제주권'이라는 명분이 내세워졌지만 그 이면에는 이익을 최우선시하는 사업가 트럼프의 진면모가 어김없이 발휘되고 있다. 직전 정부인 바이든 행정부가 '친환경', '반독점'을 내세우며 상대적으로 점잖게 진행했던 동맹 기반 협력 체계는 트럼프 정부 들어 '네 편도, 내 편도 없는 전면전'으로 선회했다. 트럼프의 협상 기술을 장착한 미국의 관세정책은 세계 각국의 경제정책을 어지러이 흔들고 있다. 미국, 유럽, 아시아 할 것 없이 전 세계 주식시장은 관세정책에 연일 롤러코스터를 타는 중이다. 달러와 금, 채권 시장은 트럼프의 말 한마디에 널을 뛰고 있다.

이번 관세전쟁은 '미국의 보호무역' 논리로만 접근할 단순한 일차 방정식이 아니다. 트럼프의 철저한 정치적 의도와 안보적 계산 등 매우 까다로운 조건들이 결합한 고차원 방정식이다. 심지어 그 정답이 있는지조차 장담할 수 없는 난제에 가깝다. 트럼프는 세계무역기구(WTO)의 제도적 울타리를 오래전에 넘어갔다. 걸림돌이 되는 조약과 약속은 과감하게 무시했다. 트럼프는 전 세계가 합의하에 수십 년간 지켜오던 '글로벌주의(Globalism)'를 한순간에 무너뜨렸다.

더 나아가 이 관세전쟁은 포퓰리즘 정치가 나쁘게 진화된 형태다. 복잡한 공급망과 무역흑자, 기술수출, 서비스 교역 등의 이야기는 소수의 전문가만 이해할 수 있고, 그마저도 엉터리로 작성됐다고 해도 과언이 아니다. 대한민국에 대한 상호관세를 25%로 부과하겠다고 발표했다가 26%로 바꾼 뒤 또다시 25%로 회귀한 것이 대표적이다. 어떤 논리와 계산으로 만들어졌는지도 알 수 없는 숫자들과 이로 파생되는 각종 메시지는 진실을 찾기 힘든 '가짜뉴스' 같다. 관세라는 통상정책은 트럼프에게 하나의 정치적 프로파간다 수단으로 이용되는 것이다.

이 책《관세전쟁》은 트럼프 2기 정책의 핵심이자 전 세계에 연일 충격파를 던지고 있는 '관세전쟁'의 배경과 원인, 그리고 그 전망을 두루 살펴본다. 관세전쟁이 불러올 경제적 충격과 세계 경제의 방향을 조망하며, 특히 한국에 미칠 여파와 그에 대한 생존 전략을 도모해본다. 무엇보다 개인투자자와 기업 입장에서 관세전쟁 속에서 살아남을 대응법을 알아보는 것이 핵심이다.

트럼프 2기 무역정책은 미국이 자국 중심의 질서를 재편하려는 구조적·전략적 선택이다. 그리고 그 마중물로 '관세'라는 통상정책을 택했을 뿐이다. 이제 관세는 더 이상 자국 산업을 보호하는 경제정책의 하위 도구가 아니다. 그것은 외교 전략이자 산업정책이며, 안보 수단이다. 미국의 관세라는 칼의 한쪽 날이 경쟁국을 겨누고 있다면, 그 반대편 날은 다름 아닌 동맹국을 스치고 있다. 이게 바로 트럼프가 손에 쥔 양날검의 무서움이다. 관세는 시작에 불과하다. 트럼프의 진짜 목표는 세계 경제의 규칙을 다시 정의하는 것이다.

차 례

서문 돌아온 트럼프, 관세전쟁의 서막   004

1장 관세전쟁의 충격
발발 원인과 방향

트럼프 2.0 시대, 뜨겁게 불붙는 관세전쟁   014
트럼프의 미국 우선주의 2.0   014
'국가안보'와 '경제안보'의 논리로 포장된 보호무역주의   017
트럼프 무역정책의 기틀이 된 1기 행정부   020
트럼프 무역정책은 무엇이 다른가?   032

미국의 관세 전략과 대상국   035
중국과의 무역전쟁: 1단계 협상 이후 남은 과제   035
트럼프 이후 들어선 바이든 정부: 계승인가 변형인가?   039
트럼프 관세전쟁 2.0, 동맹국을 겨냥한 미국의 새로운 관세 공세   043
자동차, 반도체, 철강·알루미늄, 배터리 등 주요 산업별 타격 분석   059

중국의 대응과 글로벌 공급망의 변화   074
세계의 공장에서 패권국으로: 중국식 기술굴기   074
중국의 자급자족 전략과 반도체 산업 육성   077
'자립경제'로 나아가는 중국: 자원 국유화와 민영기업 유화 전략   081
탈중국을 넘어서: 글로벌 기업의 다층적 생존 전략   083

관세전쟁, 그 너머에 남은 것들 087
누가 세계를 설계할 것인가: 관세전쟁이 바꾸는 미래의 질서 087
트럼프 2기와 러시아의 밀착: 미국 외교의 실리 전환 선언 090
전 세계를 충격에 빠트린 미-우크라이나 정상회담 093
21세기 신냉전: 관세, 기술, 규범으로 벌어지는 경제전쟁 096

2장 관세전쟁이 뒤흔드는 글로벌 경제
글로벌 경제 전망

멈춰버린 성장 엔진, 거꾸로 가는 전 세계 경제성장률 102
침체의 시대, 세계 경제는 왜 더 이상 성장하지 않는가 102
통계로 확인된 저성장, 구조적 저성장의 시대 105
중국, 세계의 공장에서 '불안한 거인'으로 108
세계 경제의 중력 이동, 재편되는 세계 경제와 국가의 생존 전략 112

관세전쟁이 산업에 미치는 악영향 116
전략 자산의 시대, 산업의 안보화와 기술 패권전쟁 116
무기화된 자원, 지정학이 뒤흔드는 원자재 전쟁 119
희토류를 쥔 중국, '칼날 없는 무기'의 실체 121

급변하는 금융시장과 투자환경 변화 125
팬데믹 이후의 후폭풍, 유동성 잔치의 끝과 글로벌 자산의 균열 125
트럼프 이후의 달러, 패권통화의 지위는 유지될 수 있는가 128
복합 리스크의 투자지도, 달라진 시장 & 달라져야 할 전략 131

글로벌 공급망의 재편과 리쇼어링 현상 136
다시 돌아오는 공장, 글로벌 제조업의 대이동 136
한국 기업의 글로벌 재편 전략, '현지화'와 '다변화' 사이 139

3장 | 관세전쟁에서 한국이 살아남는 법
한국의 현황 분석과 대응 전략

한국의 대미·대중 수출 현황과 리스크 146
미국이 한국을 겨냥할 가능성이 있는 산업군 146
한국 반도체·자동차·배터리 산업의 위기와 기회 152
중국과 관계 변화가 미칠 영향 157

자동차·반도체·철강 등 주요 산업에
미치는 영향 163
자동차: 미국산 부품 사용 압박과 수출 감소 우려 163
반도체: 미·중 갈등 속 한국 기업의 생존 전략 167
철강·화학: 미국의 보호무역 강화에 따른 타격 172

한국은 어떻게 대응할 것인가 178
외교적 해법 vs 산업정책의 변화 178
한미 FTA 개정 가능성과 그 파급효과 184
글로벌 공급망 재편 속 한국 기업의 경쟁력 강화 188

4장 | 개인과 기업은 어떻게 대응할 것인가
개인의 투자 전략과 기업의 리스크 관리법

관세전쟁 시대를 이기는 개인의 투자 전략 — 196
- MAGA의 핵심축 '방산·에너지·원자재'에 주목하라 — 197
- 리튬·희토류·반도체 관련 주식 및 ETF — 203
- 달러 강세 지속 여부와 외환 투자 전략 — 207
- 보수적인 투자자를 위한 배당주 투자 — 210

기업은 어떻게 리스크를 관리할 것인가 — 212
- 중국 다음 '세계의 공장'은? — 213
- 인도? 베트남? 미국 다음 시장은? — 217
- '널뛰는 환율, 불확실해진 금리', 어떻게 대응할 것인가 — 220

K-기업, 새로운 기회를 찾아라 — 223
- 반도체·배터리 기업의 새로운 기회 모색 — 224
- 멈춰선 파리기후협약, 친환경·신재생에너지 기업의 대응책은 — 229
- 글로벌 기업들과의 전략적 제휴와 M&A — 233

트럼프 2.0 시대에서 살아남는 법 — 236
- 미·중 패권 경쟁 속에서 기회를 찾는 법 — 237
- 신냉전 시대의 글로벌 경제 흐름 이해하기 — 243
- 기업과 투자자의 장기 전략 — 248

TARIFF WAR

1장

관세전쟁의 충격

발발 원인과 방향

트럼프 2.0 시대, 뜨겁게 불붙는 관세전쟁

트럼프의 미국 우선주의 2.0

2025년 1월 20일, 도널드 트럼프가 미국의 제47대 대통령으로 취임하며 백악관에 공식 복귀했다. 취임 첫날 트럼프는 26건의 행정명령에 서명했다. 외교, 안보, 경제, 사회 전 분야를 관통하는 강력한 정책 드라이브를 예고한 셈이다. 대표적으로 파리기후협약 탈퇴, 국경 지역 비상사태 선포, 다양성·형평성·포용성(DEI) 프로그램 폐지 등은 그가 추구하는 행정 철학의 단면이자, '미국 우선주의 2.0'의 신호탄이었다.

그중에서도 가장 주목받은 조치는 무역 분야였다. 트럼프는 취임 첫날 캐나다와 멕시코를 대상으로 25%의 고율 관세를 2월 1일부터 부과할 예정이라고 발표했다. 이는 자유무역 질서를 정면으로 뒤흔들 트럼프식 관세전쟁의 서막이었다. 그는 나아가 중국산 제품에 10%의 일괄 관세를 추가하겠다고 공표했다. 1기 행정부서에서 마무리하지 못한 중국과의 관세전쟁을 재개하겠다는 의미였다.

트럼프 2기 행정부의 핵심은 '미국 우선주의'로 요약된다. 이는 행정부 전체를 관통하는 메시지로 경제·안보 정책의 중심 철학이다. 1기 행정부의 기조를 계승하며 이를 더욱 강력하고 선명하게 발전시켰다. 미국은 최근 수십 년간 글로벌 리더 국가로 다자주의(multilateralism)를 중심으로 한 국제 문제 해결사를 자처해왔다.

다자주의란 여러 나라가 힘을 합쳐 국제 문제를 해결하자는 협력 기반 국제질서의 대원칙이다. 국제정치에선 유엔(UN)과 나토(NATO)가, 환경 부문에선 전 세계 국가들이 탄소 감축에 합의하는 파리기후협약이, 보건 부문에선 세계보건기구(WHO)가 이러한 다자주의를 상징하는 핵심 기관이자 공동 협력체다. 그리고 국제무역 분야에선 WTO가 이러한 역할을 수행한다. 1947년 미국 주도로 출범한 관세 및 무역에 관한 일반협정(GATT), 그리고 이를 계승한 WTO 체제는 자유무역의 확대와 분쟁 해결을 위한 다자주의 기반의 국제 규범 체계다.

하지만 트럼프는 2기 행정부 출범 직후 파리기후협약을 탈퇴했고 WHO에서도 나오겠다는 의사를 밝혔다. 무엇보다 WTO의 국제무역 질서를 따르지 않겠다고 선언했다. 미국이 자국이 주도해 설계한 다자통상 체제를 스스로 부정하고 모순을 택한 것이다.

'미국의 황금기가 지금 시작된다(The Golden Age of America begins right now)'라는 슬로건을 앞세운 트럼프는 국제사회와의 충돌도 마다하지 않겠다는 메시지를 분명히 했다. 그는 더 이상 미국이 '글로벌 리더십'을 위해 희생하지 않을 것이라고 천명하며, 자국 중심의 무역 질서를 본격 가동시켰다. 그리고 황금기를 이끌어갈 선봉장으로 관세를 지목했다.

트럼프의 관세 무기화는 이번이 처음이 아니다. 1기 행정부서도 적극 사용한 바 있다. 다만 1기 행정부에서 '중국과의 무역적자 해소'를 목표로 묵직한 재래식 무기처럼 활용했다면, 2기에서는 관세 기술을 고도화하고 복잡화해 융단폭격식으로 쏟아붓고 있다. 무엇보다 트럼프는 국가안보와 경제안보의 일체화를 전면에 내세우며, 공급망 재편을 통한 미국 산업주권 회복을 강조한다. 그는 반도체, 배터리, 핵심 광물 등 전략산업을 지정해 해당 품목의 공급망을 미국 중심으로 재구성하겠다는 청사진을 제시했다. 이는 단순한 경제적 보호주의를 넘어, 미국의 기술 패권을 수호하고 중국을 비롯한 경쟁국을 억제하려는 전략적 계산이 반영된 조치다.

트럼프 행정부는 '경제안보는 곧 국가안보다(Economic security is national security)'라는 점을 거듭 강조하고 있다. 이는 '경제적 민족주의(economic nationalism)'가 다시 무역정책의 중심 기조로 부상했음을 의미한다. 과거 미국이 자유무역 질서 수호자로 나섰다면, 트럼프의 미국은 전략산업 보호와 기술주권 수호를 무역정책의 제1목표로 삼고 있다. 이러한 전환은 단기적 보호무역주의를 넘어 글로벌 공급망 재편과 기술 표준 경쟁까지도 겨냥한 지정학적 무역 질서의 교체로 이어질 전망이다.

'국가안보'와 '경제안보'의 논리로 포장된 보호무역주의

21세기 들어 글로벌 경제는 효율성과 자유무역을 최우선으로 하는 통상질서를 형성했다. WTO를 비롯한 다자 체계는 국가 간 무역장벽을 낮추고, 비교우위에 기반한 분업과 교역을 통해 글로벌 성장을 유도했다. 그러나 2017년 도널드 트럼프가 미국 대통령에 취임하면서 이러한 질서에 균열이 생겼다. 그리고 정확히 8년 뒤인 2025년, 백악관에 복귀한 트럼프는 이미 금이 간 국제무역 질서를 다시 한번 송두리째 뒤흔들며 완전히 파괴하고 있다.

트럼프 2기 행정부의 보호무역주의는 단순한 경제적 계산에서 비롯된 것일까? 그 기저에는 '국가안보'와 '경제안보'라는 개념이 자리 잡고 있다. 그는 자국의 산업 기반 붕괴를 미국의 안보 역량 약화로 판단했고 무역정책을 단순한 경제정책이 아닌 안보 전략의 연장선으로 정의했다.

전통적 관점에서 경제안보는 국가안보에 종속되는 개념이다. 경제를 군사적 안보를 수호하고 강화하기 위한 수단으로 이해했기 때문이다. 군사안보 중심으로 형성됐던 국가안보적 관점에서 경제는 부수적인 개념이었다. 하지만 미국과 소련 간의 냉전 질서가 종식된 후 국제경제 질서는 자유주의에 기반해 새롭게 형성됐다. 인력, 상품, 자본의 자유로운 이동과 교환을 핵심으로 한 세계화의 촉진은 경제적 국경을 허물었고 자본주의 원리에 기반한 경제 질서가 안착했다.

2000년대 이후 세계화가 더욱 가속화되면서 중국을 중심으로 한 글로벌 공급망 체계의 구축은 세계 경제 질서에 중대한 변곡점으로 작용했다. 중국이 '세계의 공장'을 자처하며 생산의 중심축을 차지하자, 기존에 생산을 담당하던 다른 국가들은 점차 중개무역국이나 최종소비국으로 역할을 전환해갔다. 이에 따라 국가 간 경제적 상호 의존도가 더욱 커졌다.

이러한 변화는 경제안보에 대한 인식 전환을 촉발했다. 과거에는 경제가 외교와 안보의 보조 수단으로 여겨졌지만, 이제는 경제 자체가 국가안보의 전략적 핵심 요소로 자리 잡았다. 글로벌 공급망이 한 국가의 정치적 결정이나 지정학적 갈등에 의해 쉽게 흔들릴 수 있다는 현실이 드러나면서 경제는 단순한 거래의 영역을 넘어 국가의 생존과 직결된 문제로 부상했다. 특히 코로나19 바이러스발 팬데믹 이후의 마스크·백신 수급 문제, 반도체 공급난, 러시아-우크라이나 전쟁으로 인한 에너지 위기, 미·중 기술 분쟁 등은 경제 인프라가 물리적 군사력 못지않은 전략 자산임을 보여줬다. 이로 인해 경제는 더 이상 수단이 아닌, 국가가 보호하고 통제해야 할 목적 그 자체로서의 지위를 획득했다.

2025년 2월, 미국 무역대표부(USTR)는 새로운 무역 전략보고서를 통해 '경제적 안정 없이는 안보도 없다'는 입장을 공식화했다. 여기에는 '경제안보(Economic Security)'라는 개념이 핵심 키워드로 등장한다. 이는 공급망 안정, 핵심 산업 보호, 첨단 기술 통제, 해외 의존도 축소 등 다양한 정책 수단을 포함하며, 무역정책 전반이 국가 전략의 일부로 재편되었음을 의미한다.

반도체, 배터리, 핵심 광물 등 이른바 '전략산업'에 대한 수입 통제 및 자국 내 생산 확대 정책 모두 이러한 경제안보 개념에서 기반한 것들이다. 그리고 트럼프 행정부는 이들 품목의 수입 의존도를 줄이기 위해 고율 관세 또는 수출입 제한 조치를 취하고 있다. 이는 단순한 보호주의가 아니라 미국의 미래를 위해 산업을 지키겠다는 의도다.

이와 같은 흐름은 기술 패권과 글로벌 공급망의 주도권을 둘러싼 미·중 경쟁 구도 속에서 더욱 선명해지고 있다. 미국은 중국의 기술 굴기를 '경제안보 위협'으로 규정하고 있다. 또 첨단 기술의 대중 수출을 막기 위한 광범위한 수출 통제 체계를 마련했다. 특히 미국은 자국 기업뿐만 아니라 대만, 일본, 네덜란드 등 동맹국 기업까지 이러한 제재에 동참하길 요구하고 있다. 즉 경제안보라는 이름 아래 글로벌 기술 생태계 전체를 자국 중심으로 재편하려는 시도를 노골적으로 진행 중이다.

결국 국가안보와 경제안보를 내세운 미국의 보호무역주의는 단기적 관세정책을 넘어서는 구조적 전환이다. 그것은 자유무역과 글로벌 공급망이라는 기존 경제 질서에 대한 본질적 도전이다. 미·중 패권 경쟁이 군사·외교뿐 아니라 무역과 기술 영역까지 포함한 전면전 양상으로 확장하고 있다는 뜻이다.

트럼프 무역정책의 기틀이 된 1기 행정부

트럼프 2기 행정부의 행보는 예상을 뛰어넘는 파격의 연속이다. 한 치 앞을 내다보는 것이 어려울 정도로 불확실성이 짙다. 어제의 약속조차 하루아침에 휴지조각이 되어버리는 일이 매일 반복되는 모양새다. 그리고 이 모든 혼란의 중심에는 '관세'가 있다. 겉으로는 트럼프 1기와 2기의 무역정책이 크게 다르지 않아 보일 수 있다. 보호무역주의, 미국 제조업의 부활, 대중 무역적자 해소, 자유무역 질서에 대한 회의론 등 익숙한 구호들이 다시 등장하고 있기 때문이다. 그러나 보다 면밀히 들여다보면 트럼프 2기의 무역정책은 수단과 범위, 그리고 궁극적 목표에 있어 분명한 진화를 보여준다. 그것은 단순한 과거 정책의 반복이 아니라 보다 정교하고 구조적인 세계 무역 질서의 재편을 겨냥한 전략적 시도로 볼 수 있다. 1기와 2기의 관세정책은 무엇이 다를까?

2017년 1월 부동산 사업가이자 방송인 도널드 트럼프가 미국의 45대 대통령에 취임했다. 정치 경력이 전무했던 괴짜 후보의 당선은 미국은 물론 전 세계에도 큰 충격이었다. 어디로 튈지 모르는 공을 바라보듯 모든 이가 그의 행보를 유심히 지켜봤다. 트럼프는 취임 직후 기존의 규범을 깨트리고 전통을 역행하며 국제질서 속 미국의 정체성을 새롭게 정립한다. 그 중심엔 무역정책이 있었다.

도널드 트럼프 1기 행정부는 미국 우선주의의 핵심 경제정책으로 보호무역주의의 부활을 외치며 수십 년간 미국이 주도해 온 자유무역 질서를 정면으로 거슬렀다. 트럼프 대통령은 무엇보다 미국의 무역적자 해소와 미국 내 제조업 부활을 외치며 미국이 손해 보도록 설정된 자유무역 질서를 비판했다. 오랫동안 누적된 미국의 무역적자를 '외국의 착취'라고 규정하고, 그 피해를 미국의 노동자들과 제조업이 고스란히 감내하고 있다고 주장했다. 특히 중국, 멕시코, 독일, 한국 등과의 불균형 무역 관계를 지적하며 자국 산업 보호를 위한 공격적인 조치를 예고했다. 그리고 그 약속은 곧 실행에 옮겨졌다.

트럼프 1기 행정부는 무역적자의 원인을 해외의 불공정 무역 관행과 무분별한 자유무역협정(FTA)에서 찾았다. 이를 바로잡기 위한 수단으로 직접적이고 가시적인 관세 부과 조치를 택했다. 트럼프는 취임 첫해였던 2017년에 무역정책 전환을 위한 기반 다지기에 주력했다. 그리고 이듬해인 2018년부터 본격적으로 관세를 '무기화'했다.

미국은 철강과 알루미늄 등 산업별·품목별로 고율의 관세를 부과했다. 한국산 세탁기에는 긴급수입제한조치(세이프가드)를 발동했다. 중국산 제품에 대해서는 전자·기계·섬유·장난감 등 광범위한 품목에 걸쳐 전방위적인 관세를 부과하며 '중국 때리기'에 집중한 무역 전략을 전개했다.

트럼프 1기의 관세정책은 자국 산업 보호를 명분으로 미국 무역법 체계 내에 존재하던 오래된 법조항들을 과감히 재활용했다. 특히 무역확장법 제232조, 무역법 제301조, 무역법 제201조는 트럼프 행정부의 공격적인 무역 전술을 뒷받침한 핵심 도구로 기능했다. 이 조항들은 각각 국가안보, 불공정 무역행위, 자국 산업 피해 등을 근거로 고율 관세를 정당화하는 법적 틀을 제공하며 세계 무역 질서에 깊은 충격을 안겼다. 그 여파는 중국에만 국한되지 않고, 한국·유럽연합 등 전통적인 미국의 동맹국들로 번졌다.

무역의 논리로 이끌려온 국가안보: 무역확장법 제232조

1950년대 냉전 시기 제정된 무역확장법(Trade Expansion Act) 제232조는 원래 군수물자나 전략물자 확보를 위해 '국가안보'를 이유로 수입품에 대해 제재를 가할 수 있도록 허용하는 조항이었다. 하지만 트럼프 행정부는 이 조항을 전례 없이 적극 활용했다.

취임 3달 만인 2017년 4월, 트럼프 대통령은 '철강 관세 부과' 방침을 확정하고 상무부에 대미 철강 수출국에 대한 조사를 지시했다. 무역확장법 232조에 의한 관세 부과를 위해서는 절차상 조사 브고서가 필요했기 때문이다.

내부 검토와 조사 끝에 2018년 3월 트럼프 대통령은 철강과 알루미늄에 대한 관세를 부과한다고 발표했다. 각각 25%, 10%라는 관세율이 매겨졌다. 이는 중국뿐 아니라 캐나다, 유럽연합, 한국 등 미국의 주요 동맹국들도 포함된 조치였다. 트럼프는 "강한 철강 없이는 강한 국방도 없다"고 주장하며 철강 산업의 쇠퇴를 미국 안보에 대한 위협으로 규정했다. 무역확장법 232조의 논리다. 그러나 많은 국가들은 이 조치가 실질적인 국가안보와는 무관하며 경제 보호주의의 다른 이름일 뿐이라며 강하게 반발했다.

철강 산업에 강점을 가진 한국 역시 큰 피해가 예상됐다. 혼란 속에서 3월 23일 관세 부과가 시작됐다. 하지만 미국은 시행 하루 전 한국을 비롯한 동맹국 7곳에 대한 관세 부과를 유예하고 개별 협상에 들어갔다. 2025년 트럼프의 관세정책과 데자뷰처럼 겹치는 그림이다. 결국 대한민국은 4월 30일 가장 먼저 협상을 타결해 직전 3년간 평균 수출량의 70% 물량에 대한 무관세 쿼터를 적용받았다. 이를 통해 260만 톤가량의 철강을 관세 없이 수출했다. 한숨을 돌린 듯했지만 이는 한국산 철강 수출

국내 철강 대미 수출량 변화

* 한·미 수출입 통관 시점 차이 등으로 연간 할당량(263만 톤)보다 많게 집계될 수 있음.
자료: 한국철강협회

을 사실상 크게 제한한 셈이다.

이러한 관세 전략에는 또 하나의 숨은 뜻이 있다. 철강과 알루미늄 산업을 보호하기 위한 조치라는 표면적 명분과 더불어 US스틸로 대표되는 미국 전통 제조업의 몰락을 막기 위한 '상징적이고 정치적인 의도'가 담긴 것이다. 즉 관세전쟁의 명분을 쌓고 국민들의 지지율을 끌어올리기 위한 정무적 판단이었다는 뜻이다.

철강과 알루미늄은 건설, 자동차, 조선 등 다양한 산업에서 핵심 소재로 사용되는 전략적 자원이다. 특히 미 철강 산업을 대표하는 기업 'US스틸'이 직접적 수혜를 입었다. US스틸은 미국 산업화의 상징과도 같다. US스틸은 철강왕 앤드루 카네기의 유산을 물려받아 1901년 창업한 100년 기업이다. 미국 경제의 중심지인 뉴욕 맨해튼의 수많은 고층 빌딩 상당수가 이러한 미국산 철강으로 수십 년 전부터 지어졌다. 가난한 이민자 소년이던 카네기의 아메리칸드림과 국제질서의 주변국에서 중심국으로 도약한 미국의 성공 스토리가 US스틸에 담겼다.

하지만 21세기 들어 일본, 한국, 중국 등 동아시아 철강사들이 고품질과 가격 경쟁력을 내세워 미국 시장으로 진출하며 US스틸은 점차 경쟁력을 상실했다. 노후화된 설비, 높은 인건비, 낮은 생산성은 US스틸을 자력 생존조차 어려운 상태로 몰아넣었다. 이러한 US스틸의 몰락은 미국 제조업의 붕괴를 뜻했다. 트럼프 대통령은 이에 '국가안보'라는 명분을 내세워 자국 산업 보호에 나섰다. 당시 미국의 산업화를 지켜봐온 보수층과 노동자들은 이러한 조치를 미국 산업을 다시 일으켜 세우는 계기가 될 것이라고 환영했다. 이는 지지층을 결집시키고 미국 국민들의 애국심을 고취시켜 정당 지지율을 공고히 하는 일종의 정치적 전략이기도 했다.

그러나 이러한 조치에도 불구하고 US스틸의 구조적 한계는 극복되지 못했다. 결국 2024년 11월, 일본의 철강 대기업 일본제철(Nippon Steel)은 141억 달러, 한화 약 19조 원에 US스틸을 인수한다고 발표했다. 미국 정치권을 비롯한 국민 대다수는 외국 기업에 상징적 기업을 넘길 수 없다며 강하게 반발했다. 이후 미국 정치권과 국민 여론 반대로 인수 절차는 지지부진했고 지금도 이러한 교착상태가 반복되고 있다. 트럼프 대통령 역시 재집권한 2025년 들어 인수에 사실상 제동을 걸었다. 현재 분위기상 US스틸의 매각은 쉽지 않아 보인다. 이는 현재 여러 경제 이슈들이 단순히 일개 기업과 산업의 문제가 아니라 정치, 외교적 논리와 결합돼 복합적으로 작용하고 있음을 보여주는 대표적인 사례다. US스틸 인수전은 단순한 기업 M&A를 넘어 보호무역주의, 산업주권, 동맹국 간 갈등이 교차하는 복합적 상징이 되고 있다.

앞으로 철강과 알루미늄을 비롯한 산업 품목에 대한 관세 규제는 국가안보와 산업주권을 내세운 트럼프 대통령의 기치 아래 미국 산업화를 대표하는 기초산업과 제조기업들을 보호하기 위한 핵심 전략으로 쓰일 것이다.

자료: US스틸 홈페이지

세이프가드의 부활: 무역법 제201조

2018년 1월 22일, 트럼프 행정부는 또 하나의 관세 무기를 꺼내든다. 이번엔 무역법 제201조(세이프가드 조항)를 내세웠다. 해당 법에 따라 트럼프는 한국산 세탁기와 태양광 패널에 최대 50%에 달하는 고율 관세를 부과하는 긴급수입제한조치, 즉 세이프가드를 단행했다. 2001년 이후 17년 만에 다시 가동한 것이다. 2001년 당시는 조지 W. 부시 대통령이 철강 산업 보호를 위해 세이프가드 조치를 단기간 적용한 바 있다. 세이프가드(Safeguard)는 특정 품목의 수입이 급증해 미국 내 산업에 심각한 피해를 주는 경우, 이를 일시적으로 제한하거나 고율 관세를 부과할 수 있도록 한 조항이다. 트럼프 대통령은 "미국 산업이 외국산 제품의 저가 공세로 인해 심각한 피해를 입고 있다"며 이 조항의 사용을 정당화했다.

기존 한국에서 미국 시장으로 수출하던 세탁기의 관세율은 0.4%에 불과했다. 하지만 120만 대로 정해진 저율관세할당량(TRQ) 세탁기에 대해서는 20%의 관세를 물렸다. 이를 초과하는 물량에는 무려 50%의 관세를 부과했다. 미국 시장을 휩쓸고 있던 한국산 세탁기의 가격 상승이 불가피했다. 가격 경쟁력 약화로 인한 판매 감소가 현실화됐다. 2016년 기준 연간 10억 달러 이상 수출되던 한국 세탁기 산업에 큰 타격을 입혔다. 또 한국 등에서 수입한 태양광 셀과 모듈에 대해서도 2.5GW까지는 무관세로, 초과 물량에 대해서는 30%의 고관세를 부과했다.

한화큐셀과 LG전자 등 태양광 제품을 수출하던 기업들이 직격탄을 맞았다. 2016년 기준 태양광 제품 수출액은 연간 12억 달러로 세탁기보다 많았다. 세이프가드 조치는 미국 가전기업을 보호하는 목적에 걸맞게 외국산 제품의 수입 억제 효과를 줬다.

직접 피해를 입은 한국의 대표 기업 삼성과 LG전자는 즉각 대응에 나섰다. 미국 시장에서 중저가부터 프리미엄 라인까지 광범위한 영향력을 끼치고 있던 만큼 관세 여파를 최소화하기 위한 방안 마련에 몰두했다. 세이프가드를 피할 최선의 방법은 현지화 전략이었다. 미국 안으로 들어가면 관세가 사라지기 때문이다. 미국 역시 현지 생산기지 구축으로 인한 경제 창출과 일자리 증대라는 효과를 낼 수 있었다.

LG전자는 미국 테네시주 클락스빌에 건설 중이던 세탁기 공장의 완공 시기를 앞당겨 조기 가동에 들어갔다. 이 공장은 연간 약 100만 대 이상의 세탁기를 생산할 수 있는 규모였다. 삼성전자 역시 이미 가동 중이던 사우스캐롤라니아 공장의 생산능력을 크게 늘리고 멕시코 등 제3국으로부터 부품을 조달하며 출구전략을 모색했다. 공급망 재조정, 부품 조달 방식의 변화, 인력 운용 계획 수정 등 기업 입장에선 기존 전략을 완전히 다시 짜야 하는 상황이었지만 방법이 없었다.

한국 정부는 이 조치가 WTO 협정 위반이라 판단하고 2018년 5월 WTO에 공식 제소했다. 한국은 세이프가드 조치가 과도하고 한국 기업을 겨냥한 불공정한 보호주의라고 주장했다. 실제 2021년 WTO는 한국의 손을 들어주며 미국의 세이프가드를 협정 위반이라고 판단했다. 하지만 이 결정은 세이프가드 조치로 인한 국내 기업의 피해가 이미 발생한 뒤에 나왔고 구제 효과는 제한적이었다. 한국 기업은 이 경험을 통해 관세 리스크에 대응할 생산기지 다변화, 리쇼어링 대응 전략, 공급망 리디자인 등 보다 복합적이고 전략적인 통상 대응이 필요하다는 현실을 절감하게 된다.

중국을 겨냥한 디지털 무역전쟁의 서막: 무역법 제301조

무역법 제301조는 불공정하거나 차별적인 외국의 무역 관행에 대해 미국이 관세를 포함한 보복 조치를 취할 수 있도록 허용하는 조항이다. 이 조항은 1980~90년대 미·일 간 무역 갈등 당시 활용했던 핵심 법안이다. 당시 일본은 자동차와 반도체, 철강 등 핵심 산업에서 독보적 기술력을 뽐내고 있었다. 미국 시장 역시 이에 영향을 받아 일본 기업의 침투로 인한 미국 기업들의 위기감이 고조됐다. 이에 로널드 레이건 미국 대통령은 대일 무역 불균형 해소를 위해 무역법 301조를 적극 발동해 전방위적 통상 압박을 가했다. 1986년 체결된 미일 반도체 협정에 따라 일본 내 미국산 반도체 비율을 일정 수준으로 높였다. 이어 1987년 3억 달러 규모의 일본산 전자제품에 보복 관세 100%를 부과했다. 공교롭게도 로널드 레이건은 트럼프가 선거 구호로 쓴 '미국을 다시 위대하게(Make America Great Again, MAGA)'를 만든 대통령이기도 하다. 그리고 그의 초상화는 2025년 현재 트럼프 대통령의 집무실에 걸려 있다.

40여 년이 흐른 뒤, 트럼프는 중국을 겨냥했다. 2017년 말부터 미국 무역대표부는 중국의 지식재산권 침해, 강제 기술이전, 국유기업 보조금 등 불공정 관행에 대한 조사에 착수했다. 그 결과를 바탕으로 2018년 7월부터 네 차례에 걸쳐 중국산 제품에 대해 최대 25%의 고율 관세를 부과했다. 이 기간 평균 관세율은 19.3%로 규모로는 3700억 달러에 달했다. 중국도 미국산 제품에 맞대응 관세를 부과하면서 미·중 무역전쟁에 불을 지폈다. 관세 영향으로 미국 소비자 물가는 2021~2023년 연평균 1.5%가량 상승했다. 특히 전자제품과 자동차 부품 가격이 급등했다. 이로 인해 글로벌 공급망이 크게 흔들리고, 세계 경제성장률까지 영향을 받았다.

트럼프 1기 행정부의 관세 조치는 일부 제조업 일자리 회복

트럼프 1기 관세정책 핵심 법안

	법안	주요 내용	적용 품목	대표 적용 시점
1	무역확장법 232조	국가안보 이유로 특정 수입품에 관세 부과 가능	철강, 알루미늄	2018년 3월
2	무역법 201조	수입 급증으로 국내 산업 피해 시 세이프가드 발동	세탁기, 태양광 패널	2018년 1월
3	무역법 301조	불공정 무역에 대해 보복 조치 가능(특히 대중국)	중국산 제품 전반 (IT, 기계, 소비재 등)	2018년 7월 ~ 2019년 9월

과 중국과의 협상 유도라는 성과를 얻기도 했다. 하지만 대가도 컸다. 관세 인상으로 미국 내 소비자 가격이 상승하고 기업의 비용 부담이 크게 늘었다. 글로벌 공급망에도 혼란이 야기됐다. 무엇보다 동맹국 간의 무역 갈등으로 인한 WTO 체제에 금이 갔고 자유무역의 시대의 종말을 예고한 결정적인 사건이었다.

트럼프 1기의 관세정책은 외교·안보·산업 전략이 결합된 포괄적인 정책 도구로 활용했다는 점에서 기존 대통령들과 차별

미국·중국 관세전쟁 양측 관세

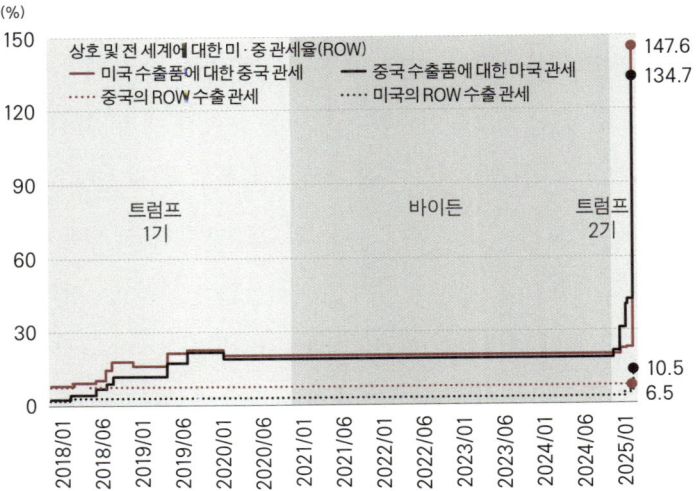

자료: PIIE 홈페이지*, 2025년 4월 12일.

---

* https://www.piie.com/research/piie-charts/2019/us-china-trade-war-tariffs-date-chart

점을 보인다. 일시적인 협상력 강화와 일부 산업 보호 효과는 있었지만 장기적으로는 글로벌 경제 질서와 기업 경영환경에 큰 불확실성을 초래했다. 이 같은 통상정책은 트럼프가 재선에 성공한 2024년 겨울부터 다시 고개를 들기 시작했다. 1기 행정부의 관세 전략은 2기 행정부에서도 핵심 정책으로 추진되고 있다.

트럼프 무역정책은 무엇이 다른가?

정리하자면 트럼프 1기의 무역정책은 관세를 지렛대로 한 전술적 압박에 가까웠다. 2018~2019년 사이 발동된 수백억 달러 규모의 관세는 중국뿐 아니라 동맹국을 포함한 세계 전역을 겨냥한 협상용 카드로 적극 활용됐다. '관세 부과 → 협상 → 철회 혹은 재부과'라는 트럼프 특유의 협상 방식은 1기에 이어 2기에도 유효한 공식이다. 하지만 결정적으로 트럼프 2기의 무역정책은 보다 구조적인 개편 전략에 가깝다. 그는 이제 관세를 협상 도구가 아닌 미국 산업의 주권을 지키기 위한 주요한 정책 수단으로 쓰고 있다.

'보편관세(universal tariff)' 도입 구상이 대표적인 예시다. 특정 국가나 품목이 아닌, 전 세계 수입품에 일괄적으로 10%의 관세를 부과하는 방식은 WTO의 규범 자체를 무력화시키며, 기존 자유무역 체계와의 정면충돌을 불사하겠다는 선언과도

같다. 트럼프 1기 시절 무역정책은 관세가 최소이며 최대였다. 하지만 2기 들어와서는 정책 수단이 보다 다변화됐다. 기술수출 통제와 대외투자 제한, 공급망 재구성 정책은 트럼프 2기 무역정책의 새로운 축으로 폭넓게 다뤄지고 있다.

2022년 바이든 행정부가 시작한 반도체 수출 통제 정책은 트럼프 체제에서 더욱 광범위하게 확대 중이다. 반도체 장비, 인공지능(AI), 첨단소재 등 미국 기술이 포함된 모든 품목에 대해 중국 수출이 제한된다. 여기에 네덜란드, 일본, 한국 등의 우방국의 기술기업들도 동참시켜 글로벌 기술 봉쇄망을 구축하고 있다.

트럼프 1기의 무역정책이 무역적자 해소와 제조업 일자리 회복에 집중했다면 2기의 정책은 보다 전략적인 목표를 내포하고 있다. 그는 이제 '무역'을 단순한 경제 영역으로 보지 않는다. 무역은 국가안보, 기술 패권, 산업주권, 글로벌 리더십과 직결된 전략 무기로 간주된다.

트럼프 1기는 WTO 체제를 비판하면서도 여전히 다자주의 질서 안에서 협상을 시도했다. 하지만 2기 들어 트럼프는 사실상 다자주의 무역 질서를 무력화하려는 시도를 노골적으로 드러내고 있다. 그는 WTO 상소기구 기능을 계속 마비시키고 있다. 자유무역협정(FTA)보다는 양자협상(bilateralism)을 통해 미국 중심의 무역구조를 만들려 하고 있다.

트럼프식 무역정책의 궁극적인 목표는 명확하다. 곧 '미국이 중심이고, 미국이 규칙을 정하는 질서'인 것이다. 이는 기존 국제통상 질서에 대한 근본적인 도전이자, '글로벌 협력의 시대'에서 '국가 경쟁의 시대'로의 이행을 상징하는 정치적 선언이기도 하다. 트럼프 2기의 무역정책은 보다 구조적이고 전략적이며, 동시에 더 파괴적이다. 이는 단순한 포퓰리즘 정책이 아니라 국제질서 재편을 위한 본격적인 헤게모니 경쟁의 시작이라는 점에서 중요하다. 향후 세계 각국은 미국의 무역정책 변화에 따라 자국의 산업 전략, 외교 전략, 공급망 전략을 다시 짜야 하는 시점에 서 있다.

미국의
관세 전략과 대상국

중국과의 무역전쟁: 1단계 협상 이후 남은 과제

트럼프 1기 행정부 관세정책의 주요 목표는 결국 중국에 대한 견제였다. 양측의 관세 맞대결은 난타전 끝에 합의로 귀결된다. 양국은 2019년 12월 13일 1단계 무역 합의를 도출한 뒤 2020년 1월 15일 워싱턴D.C에서 이를 최종적으로 체결했다. 도널드 트럼프 행정부는 이를 미국의 무역전쟁 승리로 홍보했다. 하지만 합의는 근본적 문제 해결보다는 일시적 갈등 완화에 머물렀다. 중국의 농산물 수입 확대, 지식재산권 보호 강화, 환율 조작 자제 등 표면적인 양보를 끌어낸 데 그쳤고, 미국이 문제 삼아온 산업 보조금, 국영기업 개혁, 기술이전 강요 등 구조적 사안은 합의 대상에서 제외됐다.

86쪽에 달하는 합의안에 따라 미국은 2019년 12월 15일 부과 예정이던 1560억 달러 규모의 대중국 추가 관세를 철회했다. 기존 1200억 달러 규모에 해당하는 상품에 대한 관세율은 15%에서 7.5%로 하향했다. 중국 역시 향후 2년에 걸쳐 미국산 농산물과 공산품, 에너지, 서비스 등 4개 분야에서 2000억 달러어치를 구매하기로 약속했다. 제조업 777억 달러, 에너지 524억 달러, 농산물 320억 달러, 서비스 379억 달러 등 구체적인 추가 구매 리스트가 작성됐다.

　하지만 합의 이행 기간 동안 중국은 미국 수출 물량 기준 구매 목표의 58%를 달성하는 데 그쳤다. 2020년 코로나19 팬데믹으로 인한 글로벌 경기 침체, 공급망 붕괴, 에너지·농산물 수요 감소 등이 복합적으로 작용한 탓이다. 미국과 중국 모두 생산·수출 여건이 악화됐다. 특히 에너지 부문은 국제유가 폭락 등 대외변수도 덮쳤다. 결국 조 바이든 정부의 출범으로 트럼프 정부는 본인이 일으킨 관세전쟁을 제대로 마무리하지 못한 채 무대에서 내려왔다. 당연히 미·중 무역합의안 역시 후속 조치를 밟지 못한 채 흐지부지됐다.

　무역전쟁의 명분이었던 '무역적자 해소'라는 목표도 달성하지 못했다. 2022년 기준 미국의 대중국 무역적자는 여전히 3823억 달러로 직전년 대비 8.3% 증가했다. 3800억 달러 적자를 기록했던 2018년보다 오히려 소폭 증가한 셈이다. 이는 트럼프 1기 행정부의 관세 폭탄이 양국 간 경제구조의 근본적 불균형과 글로벌 공급망 구조에 큰 영향을 미치지 못했다는 뜻으로 풀이할 수 있다. 이처럼 트럼프가 촉발한 미국의 대중 무역정책은 성과보다 과제가 더 많이 남은 상태였다.

그리고 2020년 전 세계를 휩쓴 코로나19 바이러스의 대유행은 글로벌 무역 질서의 근간을 뒤흔드는 초대형 변수가 됐다. 요란한 소리에 비해 실속이 부족했던 트럼프 1기의 관세정책보다 조용한 파괴자 코로나19가 가져다준 파급력이 훨씬 컸다. 코로나 팬데믹은 트럼프 1기 행정부의 관세정책과 별개로 글로벌 공급망의 중국 쏠림의 역효과를 여실히 보여준 사건이다. 세계 제조업의 중심지 역할을 자처하던 중국이 코로나로 인해 도시 봉쇄(lockdown)와 공장 폐쇄(shutdown)에 들어가자 전례 없는 글로벌 공급망 마비 사태를 야기했다. 중국의 굴뚝이 멈추자 톱니바퀴처럼 맞물려 돌아가던 공급망이 완전히 망가졌다. 이에 많은 기업들은 공급망 재편 필요성을 뼈저리게 인식했다. 중국이 마음먹기에 따라 세계 무역 질서가 요동칠 수 있다는 현실은 두려움을 넘어 공포가 됐다.

중국은 완제품뿐 아니라 전 세계 제조업 중간재의 생산 거점으로도 기능해왔다. 특히 스마트폰, 자동차, 반도체, 의약품 등 핵심 산업에서 중국 공장은 글로벌 밸류체인의 시작점이자 중간 허브다. 이러한 중국의 존재감은 팬데믹 초반부터 곧바로 두드러졌다. 코로나19 초기 중국 후베이성과 광둥성 일대를 중심으로 주요 산업단지가 봉쇄되자 글로벌 기업들은 예기치 못한 부품 공급 차질을 빚었다.

　미국을 대표하는 애플의 아이폰과 테슬라의 전기차들도 중국의 셧다운에 곧바로 수급 문제에 빠졌다. 유럽과 미국의 자동차 공장들은 중국산 부품이 도착하지 않자 생산 라인을 일시 중단했다. 미국 약국에서는 중국에서 수입하던 원재료 부족으로 필수 의약품의 재고가 빠르게 소진됐다. 이처럼 팬데믹의 세계적 확산과 중국의 장기적인 셧다운 조치는 '중국 중심 글로벌 공급망'이 품고 있는 근원적인 구조적 위험을 명백하게 보여줬다. 이는 '효율' 중심으로 구축된 글로벌 공급망이 위기상황 속에서 '탄력성(resilience)'을 보이지 못할 경우 발생할 최악의 상황을 노골적으로 보여준 사건이다.

　트럼프의 대중 관세정책과 코로나19 바이러스 대유행은 미국을 비롯해 유럽, 일본, 한국 등 주요 제조 강국들에게 '차이나 리스크'에 대한 경각심을 심어줬다. 각국은 대비책으로 공급망 다변화(diversification), 리쇼어링(reshoring), 니어쇼어링(nearshoring)이라는 정책을 면밀히 검토하기 시작했다.

　트럼프 2기 행정부는 이러한 경험칙을 바탕으로 '미국 산업의 구조적 취약성'을 진단하고 공급망 재편을 국가 핵심 전략으로 격상했다. 특히 의료·의약품, 반도체, 배터리 등 전략적 품목에 대해서는 미국 내 생산기지 복귀를 유도할 다양한 정책을 손에 쥐고 있다.

　미국 트럼프 행정부의 보호무역주의에 기반한 관세 전략은 중국을 중심으로 구축됐던 글로벌 공급망 시스템에 큰 변화의 바람이 불 것임을 시사하고 있다. 전 세계의 굴뚝을 자처하며 쉬지 않고 돌아가던 중국의 공장이 멈출 때 각국이 살아나갈 방안에 대한 고민이 필요한 시점이다.

트럼프 이후 들어선 바이든 정부: 계승인가 변형인가?

트럼프 대통령은 코로나19 바이러스 유행이 한창이던 2021년 재선에 도전한다. 하지만 민주당 조 바이든 후보와의 치열한 접전 끝에 대선에서 패배한다. 2021년 조 바이든 행정부가 출범하면서 많은 이들은 외교·통상 정책의 방향 전환을 예상했다. 하지만 현실은 예상과 달랐다. 바이든 행정부는 전임 트럼프 행정부의 대중 강경 기조를 상당 부분 계승했다. 오히려 그 수단과 접근 방식을 정교화하며 동맹 중심적 틀로 재구성해나가는 모습을 보였다.

트럼프 1기 행정부는 출범 초기부터 중국을 '전략적 경쟁자(strategic competitor)'로 명확히 규정하며, 기존의 협력과 포용 중심 정책 기조에 종언을 고했다. 2018년부터 본격화된 관세전쟁은 중국의 산업정책, 지식재산권 침해, 무역 불균형에 대한 보복 조치였다. 3700억 달러 규모의 중국산 수입품에 최대 25%의 고율 관세가 부과됐다. 이는 미국이 무역을 안보 전략의 일부로 간주하고 있음을 보여주는 상징적인 조치였다.

기술 분야에서도 트럼프 정부는 화웨이, ZTE 등 중국 IT 기업을 블랙리스트에 올리며 본격적인 기술 냉전의 포문을 열었다. 이러한 정책은 단순한 경제 제재를 넘어 미국과 중국이 통상, 무역뿐 아니라 산업과 기술의 패권을 놓고 전면적인 경쟁 구도로 돌입했음을 의미했다. 다만 트럼프의 대중 정책은 전반적으로 일방주의적 성격이 강했고, 국제적 협의나 동맹과의 공조보다는 미국의 직접적 이익을 앞세운 거래적 외교에 가까웠다.

트럼프 정부를 이어받은 바이든 행정부는 대중국 정책의 기본 전제는 그대로 유지하면서도 접근 방식에서 큰 전환을 시도했다. 바이든 대통령은 그간 악화일로로 치닫던 기존 전통적 동맹 관계를 우선 복원했다. 바이든 대통령은 G7, 나토, 유럽연합, 쿼드(QUAD), 인도태평양경제프레임워크(IPEF) 등 트럼프 대통령이 거리를 뒀던 기존 우방과 경제협력체 활동을 재개했다. 대중 견제를 위한 다자적 연합 구조로 재설계한 것이다. 트럼프가 미국 혼자서 중국을 상대하겠다는 태도였다면 바이든은 전통적 동맹들과 함께 중국을 견제하겠다는 입장이었다.

그러면서 무역 부문에서는 트럼프 시절 부과된 대중 고율 관세를 대부분 유지했다. 이미 쌓아 올린 트럼프의 장벽을 무너트리는 대신 모르는 척 두터운 담벼락을 활용키로 한 것이다. 또한 관세 카드를 산업정책 및 공급망 재편 전략과 연계해 그 효과를 극대화했다. 바이든 정부의 핵심 육성 산업인 청정에너지, 전기차 등 미래 산업 분야에서 중국산 제품을 배제하거나 억제하는 방식을 활용해나갔다. 기술 통제 역시 강화했다. 2022년에는 첨단 반도체와 장비, GPU에 대한 대중 수출 통제 조치를 발효했다. 2023년에는 미국 기업의 대중국 투자를 제한하는 행정명령 14105호를 발표했다. 해당 행정명령은 반도체, AI, 양자정보기술 등 첨단기술 분야의 중국 기업에 대한 미국 기업들의 직간접적인 투자를 금지하거나 사전 신고를 의무화했다. 중국에 대한 반도체와 반도체 장비 수출 통제를 위한 기반이 되는 명령으로 차후 지속적인 압박을 가할 목적으로 만들어졌다. 이는 단순한 관세 이상의 고도화된 전략 통제로 기술 패권 경쟁의 최전선을 명확히 설정한 것으로 평가된다.

두루뭉술했던 트럼프 정부의 미국 회귀(리쇼어링) 정책과 달리 바이든은 보다 구체적이고 체계적인 전략을 선보였다. 바이든 정부는 2021년 '공급망 리뷰 보고서'를 통해 반도체, 배터리, 의약품, 희토류 등 4대 전략 품목에 대한 공급망 재구축 로드맵을 제시했다. 이 보고서는 각 품목별로 병목지점을 식별해 대응 전략으로 국내 생산 인센티브 제공, 동맹국과의 협력 강화, 핵심 원자재 확보 방안 마련, 연구개발(R&D) 투자 확대 등의 개선 방안을 담았다. 결국 반도체 산업 지원을 위한 반도체 및 과학법(CHIPS and Science Act, 칩스법)과 전기차 산업 활성화를 위한 인플레이션감축법(Inflation Reduction Act, IRA)이 등장했다.

결국 바이든 행정부의 대중 정책은 트럼프 1기 시절의 기조를 계승하면서 보다 정교하고 체계적인 방식으로 발전한 형태로 자리 잡았다. 트럼프가 정면 충돌과 직접적인 압박을 주된 전략으로 삼았다면, 바이든은 제도화된 정책 수단과 동맹 기반의 협력 구도를 통해 보다 유연하고 지속 가능한 대중 견제 전략을 구축했다.

두 행정부 간 접근 방식에는 차이가 존재하지만, 그 기저에는 민주당과 공화당 모두가 중국을 미국의 최대 전략적 위협으로 간주하고 있다는 공통된 인식이 자리하고 있다. 이는 과거 역사에서 볼 수 있었던 단순한 정권 간 외교 스타일의 차이를 넘어,

트럼프 1기와 바이든 행정부 주요 정책 비교

항목	트럼프 1기(2017~2021)	바이든 행정부(2021~)
정책 기조	미국 우선주의, 강대강 정면 대결	경쟁+관리, 디리스킹 중심, 동맹 협력 강조
중국 규정	전략적 경쟁자, 불공정 무역국, 기술 탈취국	최대 지정학적 도전, 체제 경쟁 상대
관세정책	대중국 고율 관세 전면 부과 (3700억 달러 규모)	트럼프 관세 대부분 유지, 일부 산업 중심 관세 재구성
기술 통제	화웨이·ZTE 제재, 기술이전 금지, 블랙리스트 중심	반도체·AI·양자 등 핵심 기술 수출 금지 및 대중 투자 제한
산업정책 연계	제한적, 리쇼어링 메시지 위주	인플레이션감축법, 칩스법 등 산업별 연계 전략 추진
공급망 재편	코로나19 이후 리쇼어링 강조, 실행은 제한적	전략 품목 중심 공급망 다변화, 프렌드쇼어링(Friend-shoring) 전략 적용
외교 전략	일방주의, 양자 압박 중심	다자주의, 동맹 기반 압박 (QUAD, IPEF, TTC 등 활용)
WTO/TPP 등 다자무역 체제	WTO 무력화 시도, TPP 탈퇴	다자 무역 체제 복원, 동맹 내 협정 우선
대응 방식 요약	직접 대결, 미국 중심 압박	제도화·동맹화된 경제 프레임 구축

미국의 경제안보 전략의 중심축이 '탈중국'으로 명확히 전환됐음을 보여준다.

트럼프 관세전쟁 2.0, 동맹국을 겨냥한 미국의 새로운 관세 공세

더 빨라진 트럼프발 관세 시계

그리고 4년 만에 도널드 트럼프가 백악관으로 돌아왔다. 미완의 상태였던 트럼프식 관세전쟁의 시즌2가 시작된다는 의미였다. 트럼프 대통령은 1월 20일 취임사에서 "글로벌 무역 시스템을 전면 개편하겠다"고 관세전쟁의 선전포고를 날렸다.

도널드 트럼프 2기 행정부의 통상정책은 '동맹'과 '적'을 구분하지 않는 비대칭적 접근이 더욱 뚜렷해졌다. 기존의 미국 행정부들이 동맹국과의 무역 갈등을 조정하거나 유연하게 대처한 것과는 달리, 트럼프는 오히려 한국, 일본, 유럽연합, 캐나다 등 전통적 우방국에 대해서도 강도 높은 관세 조치를 단행하며 기존 질서를 흔들었다. 이는 '미국 우선주의(America First)'라는 구호 아래 미국의 무역적자를 해소하고 자국 산업을 보호하기 위한 일방주의적 관세정책을 뜻했다.

이후 트럼프의 관세정책 시계는 멈춤 없이 째깍이고 있다. 취임 2주도 채 지나지 않은 2월 1일, 트럼프 대통령은 캐나다, 멕시코에 대한 25% 관세와 중국에 대한 10% 추가 관세를 예고했다. 시행은 나흘 뒤인 4일로 못 박았다. 중국의 경우 지난 1기 행정부 당시 무역법 301조, 무역확정법 232조에 의해 적용했던 20%대 관세에다 10%를 보태는 형식이었다. 하지만 남과 북으로 국경을 맞댄 캐나다와 멕시코에 대한 관세는 예상 밖이었다.

2020년 7월부터 발효된 미국-멕시코-캐나다협정(United States-Mexico-Canada Agreement, USMCA)에 따라 사실상 단일 경제권으로 운영해온 접경국과의 관세전쟁 선포는 트럼프 관세전쟁 2.0이 결코 간단치 않을 것임을 보여준 상징적 사건이다. 다만 미국은 원유 등 캐나다산 에너지 제품에는 10%만 관세를 물린다고 발표했다.

캐나다, 멕시코, 중국 등 3개국은 곧바로 즉각 맞대응에 나섰다. 중국은 WTO에 제소를 예고했고 쥐스탱 트뤼도 당시 캐나다 총리는 미국산 제품에 25% 관세를 부과한다고 발표했다. 트럼프 대통령의 기습 관세의 명분은 '좀비 마약'이라 불리는 펜타닐이었다. 중국에서 제조된 마약이 캐나다와 멕시코라는 접경국을 통해 미국으로 유입된다는 이유로 세 국가에 대한 관세 철퇴가 내려진 것이다. 전 세계의 충격파가 가시기도 전인 2월 3일, 관세 시행을 하루 앞두고 미국은 캐나다, 멕시코에 대한 관세 부과를 30일 유예한다고 발표했다. 트럼프의 전형적인 '선발표 후유예' 전략이 이번에도 쓰인 것이다. 하지만 중국산 제품에 대한 10% 추가 관세는 예정대로 4일 부과했다. 중국은 일부 미국산 제품에 대한 최대 15% 관세를 부과한다고 맞불을

놓았다.

피아의 구분 없는 관세전쟁의 본보기를 보인 트럼프 대통령은 7일 전 세계를 대상으로 상호관세를 부과할 것을 시사했다. 상호관세(reciprocal tariff)란 상대국의 관세 수준에 부합하도록 동일하게 대응하는 관세다. 외신에선 트럼프가 예고한 상호관세를 사실상의 보복관세(retaliatory tariff)라고 규정했다. 이는 미국과 무역 중인 모든 국가를 대상으로 관세 인상이 이뤄질 수 있다는 트럼프의 경고였다.

2월 10일, 트럼프 대통령은 미국으로 수입되는 모든 철강 및 알루미늄 제품에 대해 25%의 추가 관세를 부과하겠다고 발표했다. 이는 무역확장법 제232조를 근거로 각각 철강 25%, 알루미늄 10%의 관세를 부과한 1기에 이어 관세 장벽을 한층 더 높이겠다는 강경한 조치다.

이번 조치는 무엇보다 국가별 차등 적용을 도입했던 이전과 달리, 품목별 일괄 적용 방식으로 전환한 것이 특징이다. 1기 행정부 당시에는 관세 부과 직전까지 국가별 협상을 통해 쿼터제 등 예외 조항을 뒀다. 하지만 일괄적으로 25%를 추가 부과하겠다는 방침을 분명히 했다. 시행일은 2025년 3월 12일로 예고했다. 트럼프 1기 당시 연간 263만 톤까지 무관세 수출이 가능했던 한국에겐 날벼락이나 다름없었다.

한편 이날 중국은 미국산 석탄·액화천연가스(LNG)에 15%의 추가 관세를, 원유·농기계·대형차·픽업트럭에 대한 10%의

전면 리셋된 트럼프 철강 관세전쟁

2018년 1기 철강 관세전쟁
- 캐나다·멕시코 제외 25% 일괄 적용
- 대상국들과 개별 협상 가능성 열어둠
- 한국은 쿼터제 적용, 해당 물량 무관세
- 일본은 저율할당관세 혜택 적용

2025년 2기 철강 관세전쟁
- 기존 쿼터·저율할당관세 합의 전면 무효화
- 모든 국가에 예외 없는 적용 강경 입장

트럼프 2기에서 쏟아지는 관세 공격

대상국	품목(관세율)	법적 성격	발동 근거(법령)
캐나다·멕시코	전 품목(25%, 캐나다산 에너지는 10%)	보편관세	국가비상사태 (국제긴급경제권한법)
중국	전 품목 (10%P 추가)	보편관세	국가비상사태 (국제긴급경제권한법)
모든 교역국	미국보다 관세율이 높은 품목들 (세율 차이만큼 인상)	상호관세	불공정 무역 (미국 상호무역법 적용 추정)
모든 교역국	철강·알루미늄 (25%)	징벌관세	미국 안보 위협 (무역확장법 232조 적용)

보복관세를 내렸다.

그리고 시간이 흘러 캐나다와 멕시코에 대한 30일의 관세 유예가 끝난 3월 4일, 트럼프는 예정대로 캐나다와 멕시코에 25%의 관세를 부과했다. 이는 북중미 삼각무역의 사실상 해제를 의미했다. 동맹국에 대해서도 예외가 없다는 방침을 분명히 하며 전 세계를 트럼프발 관세전쟁 소용돌이로 몰아넣었다. 또한 기존 10%였던 중국에 대한 추가 관세는 20%로 2배 늘어났다. 2022년 기준 해당 3개국에서 미국으로 수입되는 제품의 가치는 미국 전체 수입량의 45%로 약 3조 달러 이상을 차지한다.

USMCA에 따라 대부분 무관세로 이뤄졌던 삼국무역 면세 제도가 사실상 붕괴됐다.

캐나다는 총 1550억 캐나다달러, 한화약 155조 원 규모의 미국 수입품에 보복관세를 물렸다. 중국도 관세 확대와 함께 AI 등 핵심 산업 관련 미국 스타트업 15곳을 수출 통제 대상에 올렸다. 3월 4일은 공교롭게도 중국 최대 정치 행사이면서 중국의 경제정책 전반을 수립하는 양회(전국인민대표대회 및 중국인민정치협상회의)가 열린 날이었다.

3월 12일 미국은 예고대로 철강과 알루미늄 수입품에 대한 25% 추가 관세 부과를 시작했다. 예고대로 모든 국가를 대상으로 예외 없이 적용됐다. 당초 미국 관세국경보호청(CBP)은 87여 개 철강, 알루미늄 파생상품에 대한 관세 유예를 검토하기

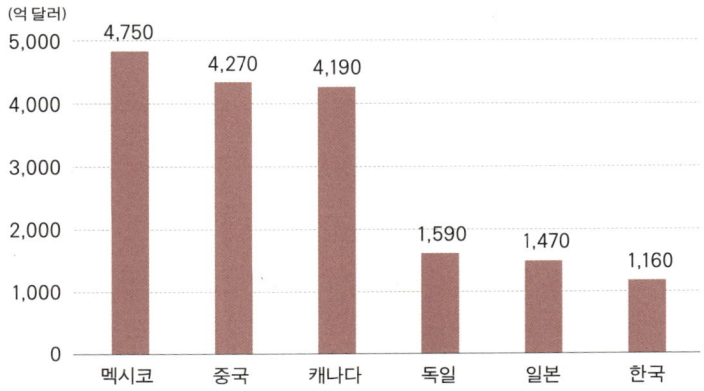

2023년 미국 주요 수입국

자료: 미국 국제무역관리청

캐나다 대미 수출 핵심 품목

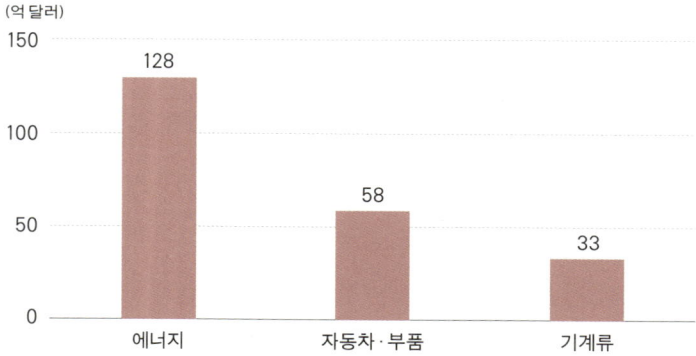

자료: 유엔 무역 통계

멕시코 대미 수출 핵심 품목

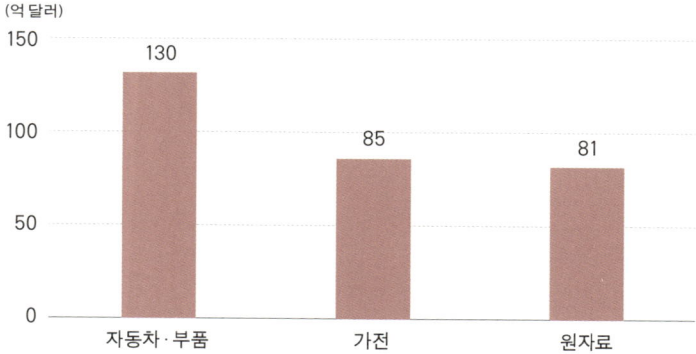

자료: 유엔 무역 통계

도 했다. 하지만 이날 모든 관련 상품에도 예외 없이 관세가 매겨졌다. 기존 10%였던 알루미늄에 대한 관세는 25%로 15%포인트 높아졌다. 그간 우방국과 협상을 마친 국가에 부여했던 할당 쿼터나 예외 규정은 이날 조치로 백지화됐다.

현실화된 상호관세 폭탄과 그 후폭풍

2025년 4월 2일, 트럼프 대통령은 전 세계 모든 물품이 미국으로 들어올 때 10%의 기본관세(baseline tariff)를 부과한다고 발표했다. 트럼프 대통령은 이를 기념하며 이날을 '해방의 날(Liberation Day)'로 선언했다. 미국 역사상 처음으로 모든 국가를 대상으로 하는 관세정책이 발표된 것이다. 기본관세는 4월 5일부터 시행됐다. 모든 국가에 부과하는 보편관세의 성격을 가졌다.

이와 함께 4월 9일부터 상대국의 관세정책에 따라 국가별로 부과하는 상호관세 시행을 예고하며 57개 무역 파트너(56개국+

관세 유형	정의	적용 대상	특징 및 목적
보편관세 (General Tariff)	특별 협정이 없는 국가에 적용되는 일반 관세율	무역협정이 없거나 비회원국 (비WTO 국가 포함)	모든 국가(특히 비우호국) 보복, 보호무역, 국가안보 등을 이유로 기본관세보다 높은 관세율이 설정됨
상호관세 (Reciprocal Tariff)	상대국의 관세율에 따라 대응한 수준으로 맞추는 관세	상대국이 자국 제품에 높은 관세를 부과할 경우 대응	특정국(대응 국가) 보복성 또는 협상용 성격이 강함. 트럼프 행정부가 자주 언급
품목관세 (Item-specific Tariff)	특정 품목(제품)에만 적용되는 관세율	품목에 따라 개별 설정	개별 품목(예: 철강, 알루미늄 등) 산업 보호, 안보 목적 또는 불공정 무역 규제 등 다양한 목적

유럽연합 27개 회원국)에 대한 국가별 상호관세율을 공개했다. 일본(24%), 유럽연합(20%), 베트남(46%), 대만(32%) 등 국가별 상호관세율이 제각기였다. FTA를 맺고 있는 한국은 25%로 책정됐다. 이미 중국 역시 추가로 34%의 관세가 보태지며 54%의 관세 폭탄을 맞았다. 전 세계는 충격에 빠졌다.

시간이 흘러 4월 9일, 미국과 주요 교역국 간의 상호 관세 부과 조치가 본격적으로 시행됐다. 그러나 시행 후 불과 13시간 만에, 트럼프 행정부는 다시 한번 유예 전략을 들고 나왔다. 중국을 제외한 모든 국가에 대해 상호관세 조치를 90일간 유예하겠다고 발표한 것이다. 이는 사실상 90일 안에 미국과의 양자 관세 협상에 나서라는 최후통첩이다.

반면 중국과의 갈등은 더욱 격화되고 있었다. 미국이 중국산 제품에 34%의 추가 관세를 부과하자, 중국도 곧바로 미국산 제품에 동일한 34%의 보복관세로 응수했다. 이후 미국이 다시 관세율을 84%로 대폭 인상하자, 중국도 동일하게 84%로 맞대응하며 양국 간 무역전쟁은 악순환의 국면에 접어들었다.

결국 트럼프 대통령은 중국을 제외한 국가들에 대한 관세 유예 조치를 공식 발표하면서도, 중국에 대해서는 추가 관세율을 125%까지 인상하는 강수를 뒀다. 기존의 20% 기본관세와 합산하면 총 145%에 달하는 사상 최대 수준의 관세 폭탄이 중국을 향해 떨어진 것이다. 이에 맞서 중국 역시 미국산 제품에 125%의 보복관세를 단행하며 정면 대응에 나섰다.

미국의 상호관세 발표 이후, 90일간의 유예기간 발표로 관세 대상국들은 사실상 미국과의 협상 테이블에 마주 앉을 것을 강요당했다. 이로써 미국발 무역 불확실성은 최소한 여름까지 지속될 것으로 전망된다. 미국은 즉각 각국과의 양자 협상 개시 방침을 밝혔다. 대한민국은 불행 중 다행인지 모르겠지만 최우선 협상 대상국 5개국 중 하나로 지목됐다. 이에 따라 상반기 내내 길고도 소모적인 관세 협상이 이어질 가능성이 커졌다.

미국은 곧바로 협상 효율성을 높이기 위해 관세, 쿼터, 비관세 장벽, 디지털 무역, 원산지 규정, 경제안보 등 핵심 쟁점을 망라한 표준 협상 프레임워크를 마련해 18개국과 약 2개월간 집중 협상에 돌입했다. 한 주에 6개국씩 3주간 1차 협상을 마친 뒤, 이를 반복하는 방식으로 7월 8일 유예 시한까지 합의에 도달하지 못하면 원래대로 상호관세를 부과할 방침이다.

한국과 미국은 4월 24일 워싱턴 D.C에서 '2+2 장관급 통상협의'를 개최해 협상의 첫발을 뗐다. 양측은 이른바 '7월 패키지'로 명명된 합의안을 잠정 도출하고 쟁점들에 대한 방향성을 정했다. 구체적으로 관세 및 비관세 조치, 경제안보, 투자 협력, 통화(환율정책)라는 네 가지 분야를 중심으로 협상 범위를 좁혔다. 특히 방위비 분담금 인상 문제는 이번 협상 테이블에 오르지 않았다. 대신 환율 문제가 새롭게 주요 의제로 등장한 것이 눈에 띈다. 이런 흐름 속에서 도널드 트럼프 대통령 역시 한미 통상 협상과 주한미군 방위비 분담금 협상을 분리해 다루겠다는 입장을 공식화했다. 그는 25일 한 언론사와의 인터뷰서 "국가별로 공정한 관세를 정할 것"이라고 밝히면서도, "군대를 위한 지급은 별도 항목(separate item)으로 둘 것"이라고 명확히 선을 그었다.

한편 중국에 대한 고율 관세 부과는 미국의 전략적 메시지가 담겨 있다는 평가다. 트럼프 대통령은 "우리는 더 이상 불공정한 무역을 용납하지 않을 것이다. 중국은 그에 대한 책임을 져야 한다"고 중국을 몰아붙였다. 가장 강력한 적과의 정면 대결은 트럼프 대통령의 관세전쟁의 향방을 가늠할 승부처가 될 것이다.

다만 중국 역시 호락호락하게 당하고만 있지는 않을 분위기다. 강대강 대응을 이어가던 중국은 대미 수입품에 대한 125%의 관세 발표 후엔 더 이상 관세전쟁에 대응하지 않겠다고 못박았다. 대신 중국은 희토류 및 주요 전략 자원의 수출 제한 조치를 발표했다. 이는 반도체, 배터리, 전기차 등 미국의 첨단산업 전반에 실질적 타격을 가하는 것으로 미국의 관세 공세에 대해 비관세적 방식으로 맞불을 놓은 격이다.

또한 시진핑 중국 국가주석은 무역전쟁에 따른 충격파 완화를 위해 실업수당 확대, 중산층 소득 증대, 기업 금융 지원 강화, 내수 진작 등의 정책을 추진한다고 밝히기도 했다. 다만 시장의 우려와 달리 양측의 결단에 따라 조기에 갈등 관계가 해소될 수 있다는 관측도 나오고 있다. 실제 중국은 반도체, 의료장비 등 일부 미국산 제품에 대한 관세 면제를 발표했고, 트럼프 역시 조기 협상 가능성을 열어두고 있다. 단 트럼프 대통령은 미·

미국 관세 부과, 중국의 맞대응

■ 미국   ■ 중국

- **2월 4일**: 중국 '펜타닐 원재료 수출' 책임으로 10% 관세 발효
- **2월 10일**: 미국산 석탄, 갈탄, LNG 등 8개 품목 15% 관세, 미국산 원유, 농기계, 트랙터, 대형 자동차, 픽업트럭 등 72개 품목 10% 관세 발효
- **3월 4일**: 중국 펜타닐 관련 관세 10%→20% 인상, 발효
- **3월 10일**: 미국 농산물 10~15% 관세 발효
- **4월 2일**: 중국 34% 상호관세 발표
- **4월 4일**: 미국 수입품 34% 관세 부과 발표
- **4월 9일**: 중국 84% 상호관세 발효
- **4월 9일**: 미국 84% 관세 발표
- **4월 10일**: 중국 125% 상호관세 발효, 총 145% 관세
- **4월 11일**: 미국 125% 관세 발표
- **4월 13일**: 희토류 광물, 자석 대미 수출 중단

자료: 언론종합

중 통상 갈등에 대해 "중국이 시장을 실질적으로 개방하지 않는다면 관세를 철회할 수 없다"고 거듭 강조했다.

철강과 알루미늄에서 시작된 품목 관세정책도 역시 현재진행형이다. 특히 무역확장법 제232조가 적극적으로 활용되고 있다. 트럼프 대통령은 상호관세 부과 직전인 3월 26일, 자동차 및 부품 수입품에 대해 25%의 관세를 부과하는 행정명령을 발표했다. 무역확장법 제232조에 근거한 해당 행정명령은 수입 자동차와 부품이 미국의 국가안보를 위협한다는 판단에서 내려졌다. 트럼프 대통령은 "자동차 산업은 미국 안보에 핵심이지만 미국의 국내 산업 기반과 공급망을 위협하는 과도한 수입으로 훼손되고 있다"라고 지적했다. 자동차에 대한 관세는 4월 3일부로 발효됐다. 승용차, 트럭, 자동차 부품 할 것 없이 미국으로 수입된다면 일괄 적용됐다.

특히 트럼프 대통령은 1977년 제정된 국제긴급경제권한법(IEEPA)에 따라 현재 상황을 국가비상사태임을 선포하고 이를 극복하기 위한 목적으로 광범위한 관세정책을 추진할 것임을 천명했다. IEEPA는 대통령이 국가비상사태를 선언하면 경제적 조치를 취할 수 있도록 허용하는 법률이다. 이전에는 주로 제재 조치에 사용했으나 트럼프는 관세 부과에 해당 법안을 적극 활용했다.

이러한 조치에 대해 캘리포니아주 정부는 트럼프 행정부를 상대로 소송을 제기하며, IEEPA를 통한 관세 부과가 대통령의

트럼프 행정부가 발표한 국가별 상호관세 비율

Country	Tariffs Charged to the U.S.A. Including Currency Manipulation and Trade Barriers	U.S.A. Discounted Reciprocal Tariffs
China	67%	34%
European Union	39%	20%
Vietnam	90%	46%
Taiwan	64%	32%
Japan	46%	24%
India	52%	26%
South Korea	50%	25%
Thailand	72%	36%
Switzerland	61%	31%
Indonesia	64%	32%
Malaysia	47%	24%
Cambodia	97%	49%
United Kingdom	10%	10%
South Africa	60%	30%
Brazil	10%	10%
Bangladesh	74%	37%
Singapore	10%	10%
Israel	33%	17%
Philippines	34%	17%
Chile	10%	10%
Australia	10%	10%
Pakistan	58%	29%
Turkey	10%	10%
Sri Lanka	88%	44%
Colombia	10%	10%

자료: 미국 USTR

권한을 넘어선 것이라고 주장하기도 했다. 미국 내에서도 트럼프발 관세전쟁에 대한 반감이 연일 커지고 있다. 이 소송은 트럼프 행정부의 관세정책에 대한 주요한 법적 도전으로, 향후 미국 내에서의 관세정책의 합법성에 대한 논의가 이어질 것으로 예상된다.

이후 트럼프 2기 행정부는 스마트폰, 전자기기, 의약품 등 사실상 전 산업에 걸쳐 품목별 관세를 잇따라 부과하며 관세정책을 한층 더 전방위적으로 확대해나가고 있다. 동시에 관세가 면제되는 제품 목록과 유예 대상 품목 리스트가 연일 발표되면서 글로벌 기업과 각국 정부에 혼란을 가중시키고 있는 상황이다. 발표되는 명단의 기준이 불투명하고 변화가 빈번해 각국의 관세 당국과 글로벌 기업의 해외 사업 실무자들조차 어떤 품목에 어떤 관세가, 언제부터 적용되는지조차 정확히 파악하기 어려운 실정이다.

트럼프 행정부의 이러한 정책은 국가별 상호관세와 산업별 품목 관세를 동시에 가동하는 이중 구조를 통해 관세 전선을 빈틈없이 구축 중이다. 이는 1기 행정부가 중국에 집중해 제한적 타깃 전략을 구사했던 것과 가장 큰 차이점이다. 유럽, 일본, 한국 등 전통적 동맹국들까지도 동일한 압박 대상이 된 만큼 이번 관세전쟁의 끝은 예측불허의 상태다.

관세전쟁과 미·중 갈등이 불러올 글로벌 충격

2025년 손바닥 뒤집듯이 매일 급변하고 있는 미국의 관세정책은 역사적으로 찾아볼 수 없는 기이하고 괴상한 형태로 진행 중이다. 2025년 1월 이후 미국 정부는 연쇄적이고 급진적인 관세 인상 조치를 단행하면서 4월 말 기준 미국의 평균 관세율은 2.5%에서 무려 27%까지 치솟았다. 이는 1930년대 대공황 시기 이후 100년 만에 가장 높은 수준이다. 단순한 무역정책 조정을 넘어 정치·경제적 투쟁의 수단으로 기능하고 있다. 이 같은 정책은 말 그대로 '미국의, 미국에 의한, 미국을 위한 관세정책'으로 추진되고 있다.

트럼프 대통령의 대중 무역 압박은 100%가 넘는 관세율이란 괴물을 낳았다. 이는 현실적으로는 수입을 사실상 중단하겠다는 수준의 조치다. 전 세계는 미국이 꾸며놓은 관세 폭탄의 무대 위에서 잘 짜인 작품을 내놓아야 할 상태다. 반도체, 자동차, 배터리, 태양광, 의약품 등 글로벌 핵심 산업의 미래는 미국 관세에 볼모 잡혔다. 모든 것이 불확실성의 안갯속에 가려진 상태다.

WTO는 2025년 3월 보고서에서 "급격한 관세 장벽 증가는 2분기 기준 전 세계 교역량을 전년 동기 대비 7.8% 감소시켰고, 세계 국내총생산(GDP) 성장률 역시 1.2% 하락 압력을 받고 있다"고 밝혔다.

유럽연합, 한국, 일본 등 미국과 중국 양국에 교역 의존도가 높은 국가들은 새로운 통상 전략 수립을 강요받고 있다. 일부 국가는 미국 시장 접근성을 유지하기 위해 생산 설비를 미국 내로 이전하거나 미국과의 FTA를 재협상하는 움직임을 보이고 있다. 동시에 중국과의 전략적 거리를 조정하며 외교적 균형점을 모색하는 신중한 행보도 이어지고 있다.

전문가들은 이번 관세 파동을 단순한 무역 갈등이 아닌 '정치화된 관세정책'의 산물로 진단한다. 실제로 미국 내부에서는 2026년 중간선거를 앞두고 제조업 부활을 요구하는 산업계와 노동조합의 목소리가 트럼프 행정부의 고율 관세정책을 견인하고 있다는 해석이 제기된다. 즉 이번 조치는 국내 정치적 목적까지 감안한 정무적 판단이란 것이다.

글로벌 기업들의 셈법도 복잡해지고 있다. 불확실성이 지속

트럼프 2기 행정부의 관세 일지

일자	내용
3.4	캐나다·멕시코 대상 25% 관세 부과, 중국에 대한 20% 관세 추가 부과
3.12	철강·알루미늄에 대한 25% 관세 일괄 부과
4.2	기본관세, 상호관세, 품목관세 예고… 모든 수입 자동차에 25% 관세 부과
4.5	기본관세 10% 시행
4.9	상호관세 90일 유예 발표, 대중국 상호관세 54%는 예정대로 시행
4.11	미국, 중국에 145% 관세 부과, 중국은 125%의 보복관세 부과 및 희토류 수출 금지
4.14	전자제품 등에 대한 관세 예고
4.18	중국산 선박의 미국 항구 입항시 관세 부과 예고

되는 가운데 기업들은 '차이나+1(China Plus One)' 전략을 강화하고 미국 내 리쇼어링 확대, 동남아·멕시코 등지로의 생산 거점 이전 등 지역 기반의 공급망 다변화 전략을 본격화하고 있다. 이로 인해 글로벌 공급망은 더 비효율적이지만 위험 분산에 유리한 구조로 전환되고 있는 중이다. 그러나 정책 방향의 지속 가능성과 국제 정세의 변동성이 여전히 존재하는 만큼 예측 가능한 대응은 여전히 어려운 과제로 남아 있다.

자동차, 반도체, 철강·알루미늄, 배터리 등 주요 산업별 타격 분석

자동차 산업을 겨눈 관세 폭탄… 현대차의 31조 원 베팅

2025년 트럼프 대통령의 재집권 이후, 미국은 다시 한번 전방위적인 보호무역주의 노선을 본격화했다. 보호무역주의로의 회귀는 단일 국가나 품목을 겨냥한 조치에 그치지 않았다. 공급망의 핵심을 구성하는 전략산업 전반에 걸쳐 관세와 규제, 보조금 재편 등이 한꺼번에 이루어지며 그 파급효과는 훨씬 광범위하다. 특히 자동차, 반도체, 철강·알루미늄 산업은 트럼프 행정부 관세정책의 정수라고 해도 과언이 아니다. 이들 산업은 국가 간 분업 구조가 가장 촘촘하게 얽혀 있는 분야라는 점에서 그 충격파가 더욱 클 수밖에 없다.

2025년 4월, 트럼프 대통령은 모든 국가로부터 수입되는 자동차와 자동차 부품에 대해 25%의 고율 관세를 전격적으로 도입했다. 이는 명백히 일본, 독일, 한국 등 전통적인 자동차 수출 강국들을 겨냥한 결정이었다. 트럼프 대통령은 관세 발표 직후 기자회견에서 "미국 노동자와 미국 공장에 투자하지 않는 외국 기업은 더 이상 무임승차할 수 없다"고 강조했다.

이번 조치로 수입 원가가 급격히 상승하면서, 미국 내 자동차 판매 가격이 일제히 오를 수밖에 없다. 소비자들의 가격 부담이 커지면 자동차 수요는 빠르게 둔화될 수 있다. 글로벌 브랜드들은 마진 압박 속에 수익성 악화 수순을 밟을 상황에 처했다. 경쟁력을 확보하기 위해 일부 모델의 미국 시장 철수까지 검토하고 있다.

글로벌 자동차 제조사들 역시 타 산업 기업들과 마찬가지로 결국 현지화로 이를 돌파할 수밖에 없다. 세계 최대 자동차 시장인 북미 시장을 포기할 수 없기 때문이다. 현지 공장 증설, 부품 현지화, 로컬 공급업체와의 협력 강화 등 '현지화 전략'이 경쟁적으로 수립되고 시행될 것이다. 이는 상당한 수준의 고정 투자를 필요로 한다는 점에서 각 기업의 글로벌 자본 배분 전략에 중대한 영향을 줄 전망이다.

그뿐만 아니라 자동차의 미래 경쟁력을 좌우할 핵심 부품인 전기차 배터리와 파워트레인, 하이브리드 시스템 부품의 조달 경로 다변화가 불가피해지고 있다. 그동안 한국, 일본, 독일 기업들은 아시아 지역 공장에서 대량생산된 부품을 미국으로 수출한 뒤 현지 공장에서 제조하는 방식을 운용해왔다. 하지만 자동차 부품 역시 고율 관세를 피할 수 없는 만큼 해당 문제도 해결해야만 한다.

결국 전기차용 모터, 제어 시스템, 배터리 모듈 등을 미국 현지화 대상 리스트에 오를 수 있다. 결국 이번 트럼프 행정부의 관세 조치는 자동차 산업의 공급망 체계를 근본적으로 흔드는 결과를 초래하고 있다. 이는 단순히 무역 비용 증가와 자동차 가격 상승으로 끝나는 게 아니라 글로벌 제조 전략과 기술 투자의 방향을 뒤틀 것이다.

정의선 현대차그룹 회장은 미국의 상호관세 조치 시행을 불과 며칠 앞둔 2025년 3월 24일, 전격적으로 백악관을 방문했다. 이 자리에서 그는 총 210억 달러, 한화로 약 31조 원에 달하는 미국 내 투자 계획을 공식 발표했다. 이는 현대차그룹 역사상 최대 규모의 대미 투자이자 트럼프 행정부의 보호무역 압박에 정면으로 대응하는 전략적 결단이다.

2025년부터 2028년까지 약 4년간 단계적으로 집행될 해당 투자는 자동차 생산 부문에 86억 달러, 부품·물류·철강 등 핵심 산업 기반 강화에 61억 달러, 미래 모빌리티와 에너지 분야에 63억 달러로 구성됐다. 특히 주목할 만한 부분은 철강 부문이다. 현대차는 자동차 생산에 사용되는 핵심 소재인 철강을 미국 내에서 공수하기 위해 루이지애나주에 연간 270만 톤 규모의 제철소 건설 계획을 포함했다. 이는 미국 현지에서 철강

→ 부품 → 조립 → 완성차 생산까지 이어지는 '자동차 생산 밸류체인'을 구축하겠다는 뜻이다. 관세 회피를 넘어 미국 내 생산 중심의 공급망 내재화를 선언한 셈이다. 미국 정부의 의도에도 부합하는 '윈윈 전략'이다.

트럼프 대통령은 현대차의 이러한 투자 계획을 적극적으로 환영했다. 트럼프는 "이게 바로 관세를 피하는 현명한 방법"이라고 극찬했다. 그는 "모든 글로벌 자동차 기업이 현대차처럼 행동해야 한다"고 치켜세웠다. 현대차의 대응은 트럼프 대통령의 정책 노선에 부응하는 첫 대규모 투자 사례로 풀이된다.

현대차가 만든 '새로운 기준'은 향후 미국 진출을 원하는 글로벌 완성차 업체들의 나침반이 될 것이다. 즉 현대차 수준의 현지 투자 없이는 관세를 회피하기 어려울 수 있다는 뜻이기도 하다. 다시 말해, 현대차의 210억 달러 투자는 단순한 선택이 아니라 생존을 위한 전제조건이다. 향후 글로벌 자동차 산업의 미국 내 재편 경쟁은 더욱 가속화될 가능성이 크다.

현대차의 결단은 단기적인 관세 회피 수단이자 장기적인 북미 생산 거점화를 통한 글로벌 경쟁력 강화의 발판이 될 수 있다. 이제는 관세라는 외부 변수에 수동적으로 반응하는 시대를 넘어, 규제 변화 그 자체를 기회로 전환하는 전략적 민첩성이 글로벌 기업의 생존을 좌우하는 시대로 접어든 것이다.

반도체 전쟁: 글로벌 공급망의 불확실성 확대

자동차와 함께 한국의 핵심 미래 산업인 반도체는 단순한 수출 산업을 넘어 안보와 패권의 상징으로 떠올랐다. 2025년 재집권한 트럼프 대통령은 이 분야에서도 전례 없이 강도 높은 통상 압박을 본격화하고 있다. 트럼프 행정부는 2025년 3월 말 중국산 반도체와 관련 부품에 대해 최고 145%의 관세를 부과하는 조치를 단행했다. 이는 단순히 가격 경쟁력을 약화시키기 위한 수단이 아니라 중국 반도체 산업의 성장 자체를 사전에 차단하려는 전략적 성격을 띠고 있다.

이러한 변화의 직격탄을 맞은 것은 한국과 대만의 파운드리(위탁생산) 기업이다. 세계 반도체 파운드리 시장의 80% 이상을 양분하고 있는 삼성전자와 TSMC는 미·중 양국의 정치·경제 압력을 동시에 받는 처지에 놓였다. 미국 정부는 보조금 인센티브로 글로벌 반도체 기업의 미국 진출을 돕고 있다. 문제는 중국 역시 여전히 전체 매출의 20~30%를 차지하는 거대한 시장이란 점이다. 삼성전자와 TSMC는 미국과 중국 사이에서 눈치 싸움을 이어갈 수밖에 없다. 정치가 기술 생태계를 사실상 지배하면서 불확실성은 더욱 커지고 있다.

올해 초인 2025년 3월 3일, 세계 1위 파운드리 기업인 TSMC는 1000억 달러 규모의 대미국 투자를 발표했다. 한화 146조 원에 달하는 해당 투자는 현대차가 발표한 북미 투자액보다 5배가량 크다. TSMC는 3개의 반도체 생산 라인과 2개의 패키징 공장 및 연구개발센터를 짓는다는 방침이다. 웨이저 TSMC 최고경영자(CEO)는 정의선 회장과 마찬가지로 백악관에서 투자 발표를 진행했다. 역시 트럼프 대통령이 동행했다. 트럼프는 "미국 역사상 최대 규모의 외국인직접투자(FDI)"라며 "TSMC의 진출은 미국 반도체 주권의 회복을 상징한다"고 강조했다. 산업만 달랐지 현대차와 동일한 문법이 적용됐다.

자동차와 더불어 한국의 핵심 미래 먹거리인 반도체 산업은 미국과 중국 간 경쟁도 치열한 산업이다. 물론 기술 경쟁력 측면에서 미국 측이 한참 앞서 있는 것이 사실이지만 중국의 기술 발전 속도는 무서운 수준이다. 지난 2월 전 세계를 놀라게 한 중국의 생성형 AI 서비스 '딥시크' 대란이 대표적이다. 방심하는 사이 중국의 기술력이 빠르게 따라올 것을 미국은 우려하고 있다.

TSMC의 공격적 미국 확장은 단순한 생산 분산 차원을 넘어 트럼프 대통령이 추진 중인 기존 반도체 기업 보조금 제도를 개편할 수 있다는 점에서도 의미가 있다. 관세만 활용해도 충분히 글로벌 기업의 미국 유치가 가능하다는 것을 보여줌으로써 직전 바이든 정부에서 추진해온 보조금 제도의 무용성을 입증하는 것이다. 현재 트럼프 대통령은 보조금 제도의 폐지 또는 축소를 추진하고 있다. TSMC 입장에서는 보조금 축소에 따른 위험을 줄이고 미국과의 전략적 연계성을 공고히 하기 위해 대규모 선제 투자를 단행한 셈이다.

향후 트럼프 행정부가 보조금 구조를 미국 기업 중심으로 재편하거나, 외국 기업에 대한 보조금 제도를 개편하기 시작한다면 한국 반도체 기업에도 상당한 도전이 될 것으로 보인다.

보조금에서 관세로: 트럼프 2기 칩스법·인플레이션감축법의 운명

조 바이든 행정부는 트럼프 1기 시절부터 본격화된 대중 규제 정책을 상당 부분 계승했다. 여기에 그치지 않고 두 개의 핵심 법안을 통해 중국을 더욱 정밀하게 압박하는 전략을 취했다. 그것이 바로 칩스법과 인플레이션감축법이다.

2022년 제정된 칩스법은 미국 반도체 산업의 부활과 기술주권 회복을 핵심 목표로 했다. 특히 AI, 5G, 양자 기술 등 미래 산업 경쟁에서 반도체가 핵심으로 떠오르면서, 미국은 중국 중심의 기술 공급망을 끊고 이를 미국 중심으로 재편하겠다는 명확한 전략적 의도를 담았다. 칩스법은 단순한 산업 보조금 정책이 아니라 지정학과 기술 패권 경쟁에 대응하는 경제안보법인 셈이다.

법안의 핵심은 총 527억 달러 규모의 반도체 산업 직접 지원이다. 이 중 약 390억 달러는 제조 시설 및 인프라 건설 보조금으로, 132억 달러는 연구개발 및 인력 양성 투자에 배정됐다. 또한 미국 내 반도체 시설 투자를 단행한 제조기업에는 25%의 세액공제를 제공한다. 동시에 수혜 기업은 일정 기간 중국 내 반도체 투자를 할 수 없다. 이러한 '보조금+규제' 병행 전략은 미국에 자국 내 반도체 생산 역량을 강화하는 동시에 중국의 기술 성장 속도를 억제하는 일석이조의 효과를 줬다. 이후 인텔, TSMC, 삼성전자, SK하이닉스 등 주요 글로벌 반도체 기업들이 미국 내 대규모 투자 계획을 잇따라 발표했으며, 미국은 다시금 첨단 반도체 공급망의 중심지로 부상했다.

반대로 미국의 대중 수출 규제 강화로 인해 중국은 어려운 상황에 처했다. 최신 반도체와 생산장비의 중국 수입이 차단되자 중국의 반도체 기술 경쟁력은 단기간 내 눈에 띄게 약화될 수밖에 없었다. 그러나 이러한 규제는 오히려 중국의 기술자립을 서둘러야 할 요인으로 작용했다. 이 부분을 미국은 크게 간과했다. 중국은 정부가 중심이 돼 자체적으로 반도체 파운드리 사업을 확장했다. 스마트폰 개발 기술과 AI 기술 역시 자생을 택했다.

그렇게 탄생한 결과물이 바로 딥시크다. 다만 미국의 강한 압박 정책이 단기적으로는 효과를 거뒀지만, 장기적으로는 중국의 경쟁력을 강화하는 부메랑이 될지 여부는 좀 더 시간이 지나 보면 판가름 날 것으로 예상된다. AI 산업의 급속한 확산으로 인해 첨단 반도체 기술의 전략적 중요성은 날로 커지고 있으며 이러한 흐름 속에서 중국에 대한 기술 압박은 여전히 미국의 핵심 전략이다.

바이든 행정부가 대중 압박 전략의 또 다른 축으로 내세운 핵심 법안이 바로 인플레이션감축법이다. '물가 안정'이라는 법

항목	칩스법	인플레이션감축법
제정 목적	반도체 산업 육성 및 기술 패권 확보	에너지 전환 및 청정산업 공급망 육성
산업 범위	반도체 제조 및 R&D	전기차, 배터리, 청정에너지, 광물자원 등
재정 지원 규모	527억 달러 + 세액공제	3690억 달러 이상
핵심 조건	중국 내 최첨단 투자 제한(10년)	북미산 부품·FTA국 원산지 요건 충족 필요
전략적 배경	기술 디커플링, 첨단 공급망 리쇼어링	녹색 산업안보, 자원국 다변화, 탈중국화

안의 이름과 달리 실제로는 에너지 산업 중심으로의 자국 산업 경쟁력 강화 및 공급망 재편을 핵심으로 한다. 특히 전기차, 배터리, 태양광, 수소 등 탈탄소 산업 전반에 걸쳐 중국 의존도를 낮추고 미국 중심의 생산 생태계를 구축하는 데 목적을 두고 있다.

전기차·배터리 구매 보조금의 경우 미국산 또는 북미산 배터리와 핵심 광물을 일정 비율 이상 사용한 경우에만 지급한다. 또한 리튬, 니켈, 코발트 등 핵심 광물의 비중국산 비율이 일정 기준 이상이어야 보조금을 받을 수 있다.

또 미국 내에서 배터리 등 친환경 관련 사업을 전개하고 제품 생산이 이뤄질 경우 생산기업에 대한 세액공제 보조금을 준다. 이러한 보조금 체계는 단순한 산업 진흥책이 아니라 중국을 공급망에서 배제하고 우방국 중심의 블록형 가치사슬을 재편하려는 명확한 의도를 담고 있다. 미국은 인플레이션감축법 시행 이후 전기차·배터리 산업의 원자재부터 완성품까지 전체 밸류체인을 북미로 끌어오는 전략을 본격화했다. 이에 한국, 일본, 유럽 등 동맹국들은 광물 공급선을 다변화하고 북미 현지 생산을 확대하는 등 인플레이션감축법에 부합하는 전략을 수립해 실천했다.

LG에너지솔루션, 삼성SDI, SK온 등 한국 전기차 배터리 3사는 GM, 포드, 스텔란티스 등 미국 완성차 기업과 손잡고 대규모 배터리 합작공장을 설립했다. 인플레이션감축법 시행 이후 2023~2025년 사이 북미 내 배터리 관련 신규 투자 규모는 800억 달러를 넘은 것으로 추산된다. 물론 부작용도 크다. 유럽연합은 인플레이션감축법의 자국 기업 차별 가능성에 대해 반발했다. 한국 역시 보조금 요건을 충족시키기 위한 '광물 협정' 체결과 원산지 기준 완화 협상 등을 끊임없이 벌이고 있다.

무엇보다 인플레이션감축법은 에너지 패권을 둘러싼 지정학적 경쟁의 핵심 도구로 작동하고 있다. 중국이 리튬, 니켈, 희토류 등 핵심 광물 및 소재 시장에서 압도적인 영향력을 행사하는 상황에서 미국은 인플레이션감축법을 제도적 수단으로 활용해 공급망을 자국 및 우방국 중심으로 재편하려는 전략을 본격화하고 있다. 특히 인플레이션감축법은 광물·부품·완성품까지 밸류체인 전반의 탈중국화를 목표로 하고 있다는 점에서 트럼프 1기 행정부의 대중 견제 전략과 상당히 닮아 있다. 실제로 인플레이션감축법은 미국 또는 FTA 체결국에서 조달된 원자재와 부품에 한해 세액공제나 보조금을 지급하는 방식으로 중국을 글로벌 공급망에서 점차 배제하고 있다.

다만 트럼프 2기 행정부는 접근 방식에서 차별화된 전략을 구사하고 있다. 트럼프는 굳이 대규모 보조금에 의존하지 않더라도 강력한 관세 조치만으로도 글로벌 기업들을 미국으로 유인할 수 있다는 자신감을 드러냈다. 이는 보조금 중심의 바이든식 산업정책과는 결이 다른 관세 중심의 압박 전략을 통한 미국 생산 유도라는 트럼프식 산업정책의 본질을 보여준다.

트럼프 2기 행정부는 '세금 대신 관세로 기업을 움직인다'는 철학 아래, 직접적인 금전적 지원 없이도 글로벌 기업의 투자를 미국으로 끌어들이고 있다는 점을 강조하고 있다.

하워드 러트닉 미국 상무부 장관은 TSMC의 미국 투자 발표 행사에서 "바이든 정부는 TSMC에 60억 달러의 보조금을 제공했고, 그 결과 TSMC는 650억 달러를 투자하게 됐다"며, "결국 미국은 TSMC가 공장을 짓도록 필요한 비용의 10%를 보조한 셈"이라고 지적했다. 그는 1000억 달러 규모의 추가 투자는 보조금의 결과가 아니라 관세 압력의 성과라고 강조하며, 트럼프 정부의 방식이 더욱 효율적임을 시사했다.

실제로 트럼프 대통령은 취임 한 달 만에 관세정책을 앞세워 대규모 직접투자를 이끌어내는 데 성공했다. 블룸버그통신은 트럼프 2기 정부 출범 이후 글로벌 대기업들이 미국 내 투자 계획으로 총 1조 달러 이상을 약속했다고 전했다. 애플은 기존 해외 생산구조에서 탈피해 미국 내 서버 제조 설비 구축에 무려 5000억 달러를 투자하겠다고 밝혔으며, 메타는 650억 달러 규모의 차세대 데이터센터 건설 계획을 발표했다.

오픈AI, 소프트뱅크, 오라클은 공동으로 '스타게이트 프로젝트'를 출범해 향후 4년간 5000억 달러 규모의 데이터 인프라를 미국 전역에 건설할 계획이다. 삼성전자 또한 스타게이트 프로젝트의 핵심 파트너로 거론되는 만큼 국내 산업계 전반에서도 이 프로젝트에 대한 관심이 고조되고 있다.

이처럼 트럼프 행정부는 보조금이 아닌 관세라는 규제적 수단을 통해 자국 내 제조 역량 복원과 기술 주도권 회복이라는 두 가지 목표를 동시에 추진하고 있다. 가시적인 투자 성과까지 이끌어내고 있다는 점에서 정책 효과에 대한 평가는 달라질 수 있다.

철강·배터리·전기차… 보호주의가 만든 '정치적 충격파'

트럼프 2기 행정부는 재집권과 동시에 다시 한번 무역확장법 제232조를 발동해 세계를 대상으로 철강과 알루미늄 수입품에 25%의 고율 관세를 부과했다. 이는 2018년 1기 집권 당시 시행했던 조치의 데자뷰지만 이번에는 면제나 유예 없는 '매운맛' 버전이다. 특히 과거 동맹국에 한해 적용됐던 일부 예외 조항이 전면 폐지되었고, 관세 면제를 위한 기준도 한층 강화됐다. 철강 제품의 경우 미국 내에서 '용해 및 주조(melted and poured)' 공정을 거친 제품만 면제 대상이 되는 등 요건이 까다로워졌다.

트럼프는 철강과 알루미늄을 국가 기간산업으로 규정하고, 글로벌 수입 의존도를 낮추는 것이 미국의 안보를 위한 핵심 과제라고 주장한다. 그러나 현실에서는 이 같은 고율 관세가 산업 보호를 넘어 경제 전반에 연쇄적인 충격파를 우려하고 있다. 우선 철강·알루미늄 가격 상승은 미국 내 자동차, 항공, 건설, 식음료 산업 등 주요 제조업 전반에 원자재 부담을 전가시키고 있다. 원가 상승은 생산단가를 높이고 이는 다시 소비자가격 인상으로 이어진다. 특히 중소 제조업체들은 조달망 혼란과 마진 하락이라는 이중고에 시달리며, 생존 자체가 위협받고 있는 상황이다.

한국, 일본, 캐나다 등 미국 철강 수출 상위국들은 직접적인 타격을 입고 있다. 고율 관세로 인해 수출 물량은 줄고, 가격 경쟁력은 악화되고 있다. 이들 국가는 수출 다변화나 국내 구조조정 등 대응책 마련에 나서고 있지만, 단기적으로는 심각한 산업 충격이 불가피하다. 결과적으로 철강·알루미늄 관세는 미국 산업 보호를 위한 조치였지만 역으로 글로벌 공급망에 충격을 주고 미국 내 비용 인상이라는 역효과만 내고 있는 셈이다.

더 나아가 트럼프 행정부는 반도체에 이어 배터리 산업 역시 '미래 전략 품목'으로 지정하고, 이 분야에도 고율 관세정책을 확대하고 있다. 특히 중국산 배터리 셀뿐 아니라 리튬, 코발트,

니켈 등 핵심 원자재에까지 고관세를 부과함으로써 배터리 공급망 전반을 '탈중국화'하겠다는 의지를 명확히 드러냈다. 하지만 이는 글로벌 전기차 시장 전반에 병목 현상을 초래할 것이란 우려를 키우고 있다.

중국산 원자재에 부과된 관세로 인해 미국 내 원재료 가격이 급등하면서, 전기차 제조업체들은 즉각적인 생산비용 상승 압박을 받고 있다. 전기차 원가의 30~40%를 차지하는 배터리 가격이 오르자, 완성차 가격도 덩달아 인상될 수밖에 없는 구조다. 이는 곧 미국 내 전기차 수요 둔화로 연결될 가능성을 높이고 있다.

한국과 일본의 배터리 기업들도 예외는 아니다. 비록 미국의 전략적 파트너로 분류되지만 실제로는 양극재·음극재·전해질 등 핵심 소재의 상당 비율을 중국에 의존하고 있는 실정이다. 이에 따라 원재료 가격 상승은 한국·일본 기업의 제조 단가에 직격탄을 안기고 있다. 이들 기업도 공급망 재구축이라는 현실적 압박에 직면할 것이 뻔한 상황이다.

결국 배터리 산업은 트럼프 행정부의 관세 전략에 의해 '정치화된 산업'으로 재편되고 있으며, 글로벌 전기차 산업 전반의 비용 구조와 경쟁 구도에도 심대한 영향을 미치고 있다. 전기차 확산은 더 이상 친환경 트렌드에 그치지 않고 무역정책과 국가 전략이 맞물린 지정학적 대결의 전장으로 떠밀려 갈 운명이다.

트럼프식 보호무역주의는 단기적으로 미국 산업을 보호하

는 효과가 있을 수 있지만 글로벌 공급망이 복잡하게 얽힌 현실 속에서는 역설적으로 자국 소비자와 기업이 부담을 떠안게 되는 결과를 초래할 수 있다.

중국의 대응과
글로벌 공급망의 변화

세계의 공장에서 패권국으로: 중국식 기술굴기

21세기 들어 중국은 '제조대국'을 넘어 '기술대국'으로의 도약을 목표로 하는 국가 전략, 이른바 '중국 굴기(中國崛起)'를 본격화했다. 2015년 발표한 '중국제조 2025(Made in China 2025)' 전략은 단순한 생산기지로 머무는 것을 벗어나 반도체, AI, 전기차, 항공우주 등 첨단산업 분야에서 중국 스스로 주도권을 확보하겠다는 강력한 산업 비전이다. 이는 기존의 세계의 공장 역할에 머물렀던 중국이 글로벌 가치사슬의 포식자로 올라서겠다는 선언이자, 미국이 주도해온 기술 패권에 정면으로 도전하는 조치로 평가받는다.

미국은 이후 중국의 전략을 국가안보에 대한 위협으로 간

주하고 견제에 나섰다. 트럼프 행정부는 대중국 고율 관세 부과, 기술기업 제재, 외국인 투자 심사 강화, 공급망 분리 등 다각도의 조치를 통해 중국의 기술 굴기를 억제하려 했다. 화웨이, ZTE 등 통신장비 기업들의 미국 진입을 막았고 반도체 장비·소재의 대중 수출을 통제했다. 이는 단순한 무역분쟁을 넘어, 글로벌 기술 주도권을 둘러싼 지정학적 패권전쟁으로 번졌다.

중국은 미국의 견제에 굴복하는 대신 '내순환' 전략과 '자력갱생' 기조로 반격에 나섰다. 14억 인구를 가진 중국은 내부 시장과 기술 개발 역량을 강화해 외부 의존도를 줄이고, 반도체·AI·배터리 등 핵심 분야에서의 국산화를 가속화했다. '쌍순환' 전략의 핵심축으로, 대외개방은 유지하되 대외 리스크에 휘둘리지 않기 위한 자립형 산업 체계 구축을 지향하는 것이 핵심이다. 특히 미국의 견제가 거세질수록 국가 자원을 집중하는 중국식 산업정책 특성이 도드라졌다. 전략산업에 대한 정부의 직접적 투자, 민·관 협력형 연구개발, 국유기업의 역할 확대 등은 미국과의 체제 차이에서 기인한 중국식 성장 모델이었다. 2020년 이후에는 반도체 장비와 소재, 스마트폰 운영체제(OS) 등 취약한 산업에서의 기술 내재화를 최우선 과제로 삼고 정부가 앞장서 전방위적 투자를 주도했다.

또한 중국은 역내포괄적경제동반자협정(RCEP), 중국-중앙아시아 공급망 강화, 일대일로(一帶一路) 등 다자 및 지역경제 협력을 통해 미국 중심의 경제 블록화에 맞대응했다. 이는 중국을 배제하려는 미국 중심의 경제 네트워크에 대항하기 위한 중국 중심의 가치사슬 구축 전략이다. 동남아, 중앙아시아, 아프리카 등 상대적으로 소외된 신흥국과의 경제적 유대를 강화함으로써 중국의 시장 영향력을 확대하기 위한 묘수다.

특히 2025년은 제14차 5개년 계획의 마지막 해로, 중국은 '신질생산력(新質生産力, New Quality Productive Forces)' 육성, 첨단 제조업 고도화, 녹색 전환, 디지털 경제 활성화 등을 중점적으로 추진 중이다. 미국의 견제가 거세질수록 중국은 에너지 안보, 기술자립, 산업주권을 강화하는 방향으로 반작용을 일으키고 있다.

결과적으로 '중국 굴기'는 단순한 경제성장이 아닌, 글로벌 패권 국가로서의 중국의 경쟁력을 전 세계에 각인시킨 힘이 됐다. 이에 대한 미국의 견제와 중국의 반격은 향후 국제질서에 영향을 미칠 주요 전투다. 관세는 이러한 전략 경쟁의 전초전이자, 기술·안보·산업주권을 둘러싼 총체적 충돌의 표면적 현상일 뿐이다.

미국 vs 중국: 기술 패권 경쟁 요약

구분	미국의 대응	중국의 반격
기술 산업	반도체 수출 통제, 화웨이 제재	반도체·AI 국산화, 기술 내재화
정책 수단	칩스법, 인플레이션감축법, 고율 관세	쌍순환 전략, 국유기업 투자 확대
공급망 전략	탈중국화, IPEF 등 경제 블록화	RCEP, 일대일로 통한 시장 확장
전략 목표	기술·안보 주권 확보	산업 자립과 글로벌 영향력 확대

중국의 자급자족 전략과 반도체 산업 육성

중국은 '중국제조 2025'를 통해 첨단산업의 국산화율 제고와 기술자립을 목표로 삼았다. 반도체의 경우 2025년까지 자급률 70%를 목표로 했다. 하지만 미국의 수출 규제와 기술 장벽으로 2023년 기준 실제 자급률은 23%에 그쳤다. 이에 따라 중국은 국가 주도 펀드를 통해 반도체, 소재, 장비 분야에 대규모 투자를 지속적으로 진행 중이다. 자동차용 반도체 등 일부 분야에서는 2025년까지 25%의 국산화율을 달성하는 등 점진적 성과를 거두기도 했다.

에너지·배터리 분야에서는 AI, 전기차 등 신산업의 전력 수요 급증에 대응해 차세대 배터리 기술과 에너지 저장 산업을 집중 육성하고 있다. 중국 정부는 2027년까지 세계적 경쟁력을 갖춘 에너지 저장 기업 3~5개를 육성하고, 재생에너지 전환과 에너지 주권 확보를 병행할 계획이다. 실제 전 세계 1위 전기차 배터리 제조사 CATL과 세계 1위 전기차 판매기업으로 떠오른 BYD 등 전기차와 에너지 분야에선 이미 중국이 두각을 나타내며 전 세계의 이목을 끌고 있다. 중국의 기술력과 품질 경쟁력이 과거와는 비교가 안 될 정도로 발전했다는 의미다.

산업정책적으로는 소비 진작, 내수 확대, 녹색 전환, 디지털 경제, 신성장동력 산업에 대한 정책적·재정적 지원을 강화하고 있다. 중국은 단기적 제재 대응을 넘어, 중장기적으로 글로벌 공급망 내 자국의 역할과 위상을 재정립하는 중이다.

미국의 기술 봉쇄와 공급망 차단에 대한 중국의 대응 전략은 '자급자족(自給自足)'을 핵심 키워드로 삼고 있다. 특히 반도체, AI, 배터리, 항공우주, 바이오 등 전략산업 분야에서 자국 내 생산과 기술 내재화를 목표로 하는 구조적 변화가 전개되고 있다. 이 같은 변화는 단기적 대응을 넘어 중장기적 산업 전환 정책으로 자리 잡고 있으며, 중국 정부의 정책 수립 및 재정 투입 방식에서도 그 경로가 분명히 드러난다.

우선 반도체 산업은 미국의 견제가 가장 직접적으로 작용한 분야다. 2019년 화웨이에 대한 미국의 제재 이후, 중국은 반도체 설계·장비·소재 등 핵심 기술에서의 '국산화율 제고'를 최우선 과제로 삼았다. 중국 정부는 '국산 반도체 자립률 70%'라는 목표를 제시하며 국가 반도체 펀드, 일명 '빅펀드(大基金)'를 중심으로 자금과 인재를 집중시키고 있다. 동시에 중신궈지(SMIC), 칭화유니그룹 등의 국영 또는 민관합작 기업을 중심으로 생산 역량 확대와 수직적 통합을 시도하고 있다.

트럼프 1기부터 시작해 바이든 정부를 거치며 강경 노선을 유지했던 미국의 대중국 기술 견제는 역설적으로 중국의 자생력을 키웠다는 분석도 나온다. 바이든 행정부의 고강도 반도체 봉쇄 정책에 앞서 트럼프 행정부 역시 유사한 입장을 견지했고, 반도체 분야만큼은 정권 교체와 무관하게 일관된 기조가 수출 금지, 장비 반입 금지 등의 강력한 제재가 유지 중이다. 트럼프

1기 행정부 이후, 미국은 지속적으로 중국의 첨단기술 도약을 견제해왔다. 특히 AI 반도체 분야에서 그 대응은 더욱 정교하고 단호해졌다. 미국은 전 세계 AI 반도체 시장의 약 90%를 점유한 엔비디아의 주력 제품들에 대해 중국 수출을 전면 금지하는 조치를 단행했다. 이는 바이든 행정부에서도 그대로 이어졌으며, 엔비디아가 중국 전용으로 설계한 저사양 AI 칩 'H20'마저 미국 정부의 규제로 인해 유입 경로가 봉쇄됐다.

이러한 조치는 미국의 대중 반도체 제재가 단순한 무역 제재를 넘어, 중국의 AI 기술력 억제를 핵심 목표로 삼고 있음을 분명히 보여준다. 그러나 아이러니하게도 미국의 압박이 강해질수록 중국의 반도체 자립 노력은 더욱 가속화되고 있다. 2023년 9월 중국 정부가 발표한 증시 부양책 이후, 반도체 섹터는 투자자들의 집중 관심을 받으며 주도 산업으로 부상했다. 대표적으로 중국 최대 파운드리 기업 SMIC와 AI 반도체 설계 업체 캠브리콘 주가는 연일 최고치를 경신하며 시장의 기대를 반영했다. SMIC는 현재 중국 반도체 상장기업 중 시가총액 1위 기업으로 TSMC와의 거래가 차단된 화웨이 등 중국 내 주요 기업들의 핵심 생산기지 역할을 수행하고 있다. 특히 2023년 한 해 동안 약 전체 매출의 93%에 해당하는 10조 5000억 원 규모의 설비 투자를 단행했다. 그 뒤에는 중국 정부가 든든히 버티고 있다.

그 결과 SMIC는 2024년 기준 글로벌 파운드리 시장점유율

5.5%를 기록하며 대만의 UMC를 제치고 세계 3위에 올라섰다. 이외에도 성숙 공정에 집중하는 화홍반도체, 넥스칩 등 중국 기업들이 상위 10위권에 진입하며 반도체 시장에서 중국의 존재감을 키우고 있다. 이처럼 미국의 견제는 중국의 기술 굴기에 분명한 제동을 걸고 있지만, 동시에 중국 정부와 기업들의 기술자립을 자극하는 촉진제가 되고 있다는 점에서 양면적인 결과를 낳고 있다. 반도체는 이제 양국 간 패권 경쟁의 전장이자 기술주권을 둘러싼 전략적 축의 중심에 서 있다.

산업정책 측면에서는 '중국제조 2025' 이후에도 일련의 후속 전략이 이어지고 있다. '十四伍(제14차 5개년 계획, 2021~2025년)'와 2035년 장기 비전은 단순한 경제성장률이 아니라 기술주권, 데이터 안보, 에너지 전환 등을 국가전략 목표로 상정하고 있다. 특히 '과학기술 자립·자강(科技自立自强)'은

2024년 시총 상승 1·2위 반도체 업체의 주가 추이

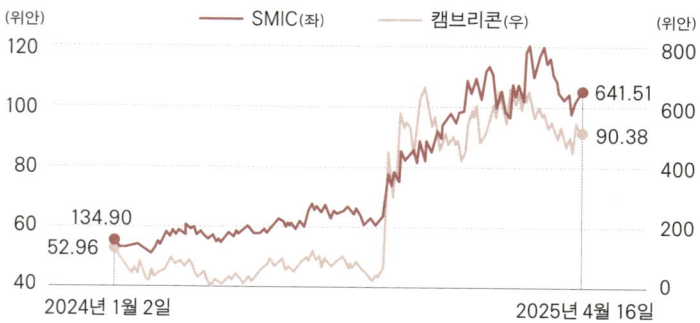

* 2025년 4월 16일 주가는 오전장 종가 기준.
자료: 인베스팅닷컴

기존의 대외개방 기반 성장 전략과 구별되는 새로운 방향으로, 이는 첨단기술을 국가안보와 동일선상에 놓는 중국식 경제안보의 일환이다.

또한 디지털 경제와 AI 분야에서도 자립적 생태계 구축이 진행 중이다. 중국은 자체 운영체제, 국산 반도체 기반의 서버 인프라, 데이터센터 및 클라우드 기술의 국산화를 적극 추진하고 있다. 미국의 기술 봉쇄 이후 오히려 개발 속도가 빨라지고 있다. 이 같은 흐름은 단순한 공급망 확보 차원이 아니라 글로벌 IT 질서 내에서 중국의 독립적 위상을 구축하려는 전략적 기획이다.

'자립경제'로 나아가는 중국:
자원 국유화와 민영기업 유화 전략

중국은 에너지·배터리 산업에서의 자립 역량 강화를 위해 핵심 광물 자원의 국유화와 공급망 통제를 전략적으로 추진 중이다. 특히 리튬, 코발트, 니켈, 희토류 등 전기차 및 에너지저장장치(ESS) 등 배터리 산업의 기반이 되는 핵심 원자재를 중심으로 국영기업 주도의 해외 자원 확보와 공급망 내재화를 본격화하고 있다.

대표적으로 중국은 세계 리튬 생산량의 약 15%, 코발트 정제의 70% 이상, 희토류의 90% 이상을 공급하고 있다. 전 세계 배터리용 음극재의 80%, 양극재의 60% 이상을 중국이 생산하고 있다. 이처럼 중국은 배터리 원자재의 채굴뿐 아니라 정제, 가공, 소재화까지 수직 계열화된 생산 체계를 갖추고 있으며 CATL, BYD 등 주요 대기업들이 선봉에 서 있다.

또한 중국의 국유기업들은 아프리카, 남미, 동남아에서 대규모 자원을 확보하며 지원사격에 나서고 있다. 중국철강공사, 중국비철금속공사는 콩고민주공화국에서 코발트, 구리 광산을 확보했다. 아르헨티나, 멕시코, 말리, 호주 등 전 세계 리튬 광산 중 중국의 자본이 껴 있지 않은 곳을 찾아보기 힘들다. 공급망 밸류체인의 중요성을 일찌감치 알아차린 중국은 공급망을 장악하고 국제 가격 결정력에 영향을 미치기 위한 사전 준비를 오래전에 시작했다. 이러한 흐름은 단기적 수출 규제 대응 차원을 넘어 '전략적 자립경제 체제'로의 전환이라는 장기적 비전으로 이어진다. 중국은 이제 경제·산업 정책의 패러다임을 '수출 드라이브형'에서 '내수 기반 자립형'으로 전환하고, 이를 바탕으로 정권의 안정성과 국가안보 차원의 산업주권 확보 전략으로 전개해나가고 있다.

2025년 3월에 열린 중국 양회는 이러한 전략을 살펴볼 수 있는 중요한 현장이었다. 트럼프 2기 행정부발 관세전쟁의 포탄이 중국에 떨어진 가운데 열린 양회에서 시진핑 국가주석은 민간기업과 외자 유치에 대한 강한 유화 메시지를 표출했다.

특히 시 주석은 양회 기간 중 레이쥔 샤오미 회장, 마윈 알리

바바 창업자, 량원펑 딥시크 창업자 등 중국을 대표하는 기업가들과 연이어 회동하며 민영기업의 전략적 중요성을 재강조했다. 이는 2020년 이후 진행된 '공동부유' 정책과 반독점 규제 기조에서 한발 물러선 정책 방향 전환의 신호로 해석된다.

시진핑은 "제조업은 중국의 근본이며, 강국의 기반"이라며 제조와 첨단기술 혁신의 핵심 주체로서 민영기업의 참여를 촉구했다. 이러한 발언은 국유 주도형 산업 전략과 민간 혁신을 병행하려는 '중국식 혼합 모델'의 재정립으로 평가된다. 이어 시 주석은 베이징 인민대회당에서 '국제공상계 대표 회견'을 주재하며 글로벌 주요 기업들의 CEO들과 만남을 가졌다. 이 행사에는 삼성전자 이재용 회장, SK하이닉스 곽노정 사장, BMW·메르세데스-벤츠·퀄컴 등 글로벌 주요 기업 30여 명의 CEO가 참석했다. 시진핑은 이 자리에서 "중국은 개혁과 개방의 길을 멈추지 않을 것이며 외국 기업에게 안전하고 유망한 투자처가 될 것이다"라고 강조했다. 이는 미국의 대중 압박 강화, 외자이탈 추세, 대내 금융 리스크 심화 등 복합 위기 국면에서도 중국이 여전히 글로벌 시장의 핵심 주체로 남아 있다는 자신감을 보여준 장면이다.

탈중국을 넘어서: 글로벌 기업의 다층적 생존 전략

미국의 대중국 견제와 중국의 자립화가 본격화되면서 글로벌 기업들은 공통적으로 중국 내 사업 위험을 어떻게 관리하느냐는 고민에 빠졌다. 그에 대한 대표적 해결책이 바로 '차이나+1' 전략이다. 이는 중국 외 제3국으로 생산 거점을 다변화함으로써 지정학적 리스크, 공급망 단절, 정치적 제재 등의 영향을 최소화하려는 움직임이다.

차이나+1 전략은 특정 산업에 국한되지 않는다. 반도체, 의약품, 섬유, 소비재, 전자부품, 배터리 등 제조업 전반으로 확산되고 있다. 이는 단순히 비용 절감을 위한 것이 아니라 정치적 안정성과 규제 환경, 무역 협정, 인프라 수준 등을 종합적으로 검토해야 하는 복잡하고 어려운 사안이다. 기업들은 중국에만 의존하는 공급망이 얼마나 큰 위험이 될 수 있는지 2020년 이후 팬데믹과 미·중 무역 갈등을 통해 체감하고 있다. 많은 글로벌 기업들은 중국에 집중된 생산 거점을 베트남, 인도, 인도네시아, 태국, 멕시코 등 제3국으로 분산해 지정학적 리스크와 공급망 단절 위험 완화에 나서고 있다.

베트남은 낮은 인건비라는 장점을 내세워 미국·유럽연합 등과 FTA를 체결하며 시장의 주목을 받고 있다. 덕분에 애플, 삼성전자, 인텔 등 글로벌 전자 기업의 생산기지로 부상했다. 세계 최대 소비시장 중 하나인 인도 역시 기술인력 자원이 풍부하다는 점에서 반도체와 스마트폰 생산의 전진기지로 떠오르고 있다. 특히 애플은 아이폰 일부 생산을 중국에서 인도로 이전했다. 폭스콘도 인도 내 공장 증설에 나서고 있다.

한국 기업들 역시 차이나+1 전략을 본격화하고 있다. 삼성전자는 중국 시안의 반도체 공장은 유지하면서 베트남·인도·미국 등으로 글로벌 생산 거점을 재조정 중이다. LG에너지솔루션과 SK온은 일찌감치 미국 내 배터리 합작공장 설립에 박차를 가하고 있다. 이는 중국에서의 수익성을 완전히 포기한다는 뜻은 아니며, 정치·외교적 리스크에 대응할 '이중 전략'의 일환이다.

차이나+1 전략은 공급망 다변화라는 측면뿐 아니라 미국 중심의 가치 동맹에 참여하기 위한 정치적 계산도 내포하고 있다. 미국은 자국 중심의 공급망 재편을 추진하면서 '우방국끼리의 공급망' 또는 '가치 공유국 간 협력'을 내세우고 있다. 이에 따라 글로벌 기업들은 미국의 정치적·경제적 의도에 부응하면서도 안정적인 사업 운영을 도모하기 위해 전략적으로 제3국 진출을 강화하고 있는 것이다.

하지만 차이나+1 전략에는 한계도 존재한다. 중국은 여전히 세계 최대의 소비시장, 첨단산업 클러스터, 인프라 완성도 측면에서 타 국가에 비해 훨씬 앞서 있다. 이를 대체하는 데 오랜 시간이 걸리는 것은 당연하다. 또한 중국 정부의 규제 완화 및 외자 유치 전략이 계속될 경우 '차이나 디커플링'이 아닌 '차이나 리밸런싱'으로 선회할 수 있다는 의견도 나오고 있다. 결국 글로벌 공급망은 단순한 탈중국을 넘어 위험 회피와 전략 분산, 그리고 지정학적 질서 재편에 따른 다층적 공급망 구성으로 나아

차이나+1 전략 핵심 요약

항목	내용
전략 개요	중국 중심의 공급망 의존도를 줄이기 위해 제3국에 생산기지를 분산
도입 배경	• 미·중 갈등 및 관세전쟁 • 팬데믹 이후 공급망 단절 • 지정학적 리스크 고조
주요 대상 산업	반도체, 전자부품, 배터리, 의약품, 섬유, 소비재 등 제조업 전반
주요 이전 국가	베트남, 인도, 인도네시아, 태국, 멕시코, 미국 등
대표 기업 사례	• 애플: 아이폰 일부 생산 인도로 이전 • 삼성전자: 베트남·인도 생산 비중 확대 • SK온/LG에너지솔루션: 미국 내 배터리 공장 설립
전략적 의미	• 공급망 다변화 • 미국 주도 가치사슬 참여 • 정치·외교 리스크 분산
한계와 변수	• 중국의 소비시장 및 산업 인프라 대체 불가 • 외주화 재개 및 규제 완화에 따른 '리쇼어링' 변화 가능성
향후 전망	효율성과 안정성 간 균형을 모색하는 과도기 전략으로 기능

가고 있다. 차이나+1은 그러한 변화의 과도기적 해법이며, 기업들은 효율성과 안전성 사이의 균형점을 찾아갈 것이다.

관세전쟁,
그 너머에 남은 것들

누가 세계를 설계할 것인가: 관세전쟁이 바꾸는 미래의 질서

미국과 중국 간의 관세전쟁은 표면적으로는 무역적자 해소, 불공정 거래 시정, 자국 산업 보호와 같은 경제적 문제로 보인다. 그러나 그 본질은 단순한 수출입 품목의 조정이나 관세율 인상의 문제가 아니라 글로벌 패권 질서를 둘러싼 구조적 경쟁이다. 이는 21세기 국제질서의 주도권을 놓고 벌어지는 정치·경제·기술 패권전쟁에서 발생할 수밖에 없는 운명적 사건이다.

전통적으로 무역은 경제정책의 영역에 속했다. 하지만 오늘날 관세는 경제안보, 산업 전략, 기술주권, 외교 질서 전반에 영향을 미치는 다층적 정책 수단으로 진화했다. 특히 미국은 트럼프 1기 행정부 이래로 중국을 단순한 교역 상대가 아닌, 체제 경쟁의 중심축이자 전략적 도전국으로 정립했다. 이에 따라 이번 관세전쟁은 국가안보, 외교, 산업 부문과 통합된 총체적 전략이 응축된 고도의 심리전으로 진행 중이다.

중국의 부상은 단순한 '성장'이 아니다. 일대일로를 통해 국제 인프라 네트워크를 구축하고, 디지털 위안화를 앞세워 글로벌 통화 질서에 도전하며, 국가 주도형 기술 굴기를 통해 반도체·AI·배터리·우주항공 등 첨단산업 전반에서 미국과 대결하고 있다. 이러한 중국식 성장 모델은 제2차 세계대전 이후 미국이 주도해온 자유시장 질서, 민주주의 기반의 국제질서 규칙에 부합하지 않는 변종이자 기형적인 모습을 갖춘 위협이다.

미국은 관세, 수출 통제, 투자 심사, 공급망 배제 등 다양한 통상 수단을 동원해 중국의 기술 부상과 산업 확대를 견제하고 있다. 특히 반도체, AI, 5G, 전기차 배터리 등 전략 기술 분야에서 벌어지는 조치들은 단순히 공정 무역을 위한 제재가 아니라 글로벌 기술 패권 유지를 위한 방어적이자 공격적인 조치다. 이 과정에서 미국은 외국인 투자의 안보심사(CFIUS), 전략물자 수출 통제, 공급망 동맹 구상 등을 총동원해 중국의 전략산업 진입을 차단하고 자국 중심의 기술 동맹을 강화하는 체계를 구축하고 있다.

더 나아가 2025년의 관세전쟁은 단일국 간의 경제 갈등을 넘어 글로벌 동맹 구도의 재편이라는 외교적 함의를 갖는다. 바이든 행정부까지는 유럽연합, 한국, 일본 등 전통적 동맹국들과의 협력을 바탕으로 '가치 동맹형 공급망'을 구축하는 전략이 중심이었으나, 트럼프 2기 행정부는 실리주의적 외교 노선으로의 급격한 전환을 시도하고 있다.

트럼프 정부는 유럽과의 통상 갈등을 심화시키고, 러시아와의 관계 개선을 시도하며 기존의 대서양 중심 동맹 질서에서 완전한 이탈을 꾀한다. 한국과 일본에 대해서도 전통적 안보 동맹이 아닌 경제적 거래 관계로 접근해 무엇을 줄 수 있고 무엇을 받을 것인가에 대한 실익 중심의 협상 전략을 강화하고 있다. 이는 미국이 더 이상 가치 동맹에 기반한 국제질서를 유지하려 하지 않고, 명백하게 '이익 기반 동맹'이라는 새로운 국제정치 원칙을 정립하고자 함을 보여준다.

결과적으로 관세는 단지 통상정책의 수단이 아닌 글로벌 주도권을 둘러싼 전방위적 경쟁에서의 전략적 무기로 재정의되고 있다. 무역이 곧 안보이고 관세가 곧 외교인 시대에 미·중 간의 관세전쟁은 이 새로운 질서 아래 전개되고 있으며, 이 전쟁의

과거와 2020년대 이후의 관세정책 비교

항목	과거의 관세정책	2020년대 이후 관세정책
목적	무역수지 조정, 수입 억제	기술주권 확보, 경제안보 수단
적용 대상	일반 소비재 중심	전략산업(반도체, AI, 배터리 등)
정책 영역	경제·산업 정책	외교·안보와 통합된 복합 전략
정당화 수단	관세 보복, 불공정 무역 시정	체제 경쟁 대응, 공급망 재편
국제 반응	WTO 제소 등 통상 분쟁	동맹국 내 입장 분열, 지정학 갈등

트럼프 1기, 바이든, 트럼프 2기 통상정책 비교

항목	트럼프 1기 (2017~2021)	바이든(2021~2024)	트럼프 2기(2025~)
정책 기조	미국 우선주의, 공격적 관세	동맹 기반 디리스킹	실리 중심, 선택적 동맹
주요 수단	301조·232조 관세 부과	칩스법, 인플레이션 감축법, 수출 규제	고율 관세 + 가치연대 축소
동맹국 접근	부담 전가 (안보-무역 연결)	다자협력 강화	협력보다 거래 중심
중국 전략	체제 경쟁 선포, 화웨이 차단	위험관리 중심 견제	협상 압박 + 경제 봉쇄 병행
외교 전략	유럽과 갈등, 러시아 회유	가치연대 복원	러시아와 협력, 유럽연합 견제

본질은 '누가 미래의 세계를 설계할 것인가'에 대한 결정적 전투다.

트럼프 2기와 러시아의 밀착: 미국 외교의 실리 전환 선언

트럼프 대통령의 재선 이후, 미국의 대외정책 기조는 뚜렷한 전환 조짐을 보이고 있다. 그중 가장 두드러진 변화는 오랜 기간 대척점에 서 있던 러시아와의 관계 회복을 적극 모색하고 있다는 점이다. 이는 실익을 따져 정책을 추진하고 협력 가능성을 타진하는 협상가 트럼프식 외교안보 전략의 표본이다.

2025년 2월 12일, 트럼프 대통령은 블라디미르 푸틴 러시아 대통령과 약 90분간의 전화 통화를 했다. 특히 러시아-우크라이나 전쟁 종식을 위한 구체적 협상 추진과 상호 방문 논의까지 이뤄졌다는 점에서 주목을 끌었다. 이는 바이든 행정부 당시 긴장 국면을 이어가던 미·러 관계에 전환점이 됐다.

2월 18일, 미국과 러시아는 사우디아라비아 리야드에서 고위급 비공개 회담을 진행했다. 이 회담에 우크라이나와 유럽 주요국들이 배제됐다. 유럽에서 벌어진 유럽 국가들 간의 전쟁에 대한 협상을 당사자와 유럽의 주축 국가가 아닌 미국이 주도하고 있는 엉뚱하고 당황스러운 상황이었다. 이는 미·러 양자 협상을 중심으로 한 '새로운 안보 질서'가 구축되는 모습이기도 했다. 독일, 프랑스 등은 "트럼프 행정부가 나토 동맹국들의 우려를 무시하고 일방적 딜을 추진하고 있다"며 강하게 반발했다.

미국과 러시아의 밀월 관계는 2월 24일 유엔 총회에서 미국이 러시아 규탄 결의안에 반대표를 행사한 사건으로 정점을 찍었다. 해당 결의안은 러시아의 우크라이나 침공을 규탄하는 내용으로, 러시아·북한·이란과 더불어 미국이 반대표를 던진 것은 극히 이례적인 조치였다. 미국은 러시아의 '침략'이란 표현이 빠진 완화된 결의안만을 수용하겠다는 입장을 고수했지만 수용되지 않자 아예 반대를 선택했다. 이는 민주주의 가치 동맹의 중심국인 미국의 배신으로 평가받으며 더 이상 세계 질서의 수호자로서의 미국을 기대하지 마라는 분명한 메시지가 됐다. 트럼프 대통령은 자신의 SNS를 통해 "푸틴 대통령과 전쟁 종식뿐 아니라 미·러 간 경제개발 협력에 대해 심도 있는 논의를 진행 중"이라며 쐐기를 박았다.

3월 11일, 트럼프 대통령은 우크라이나에 대한 군사 지원 일부를 조건부로 재개하겠다고 밝혔다. 이는 러시아와의 대화 채널을 유지하면서 전쟁 확산을 억제하려는 양면 전략으로 풀이된다. 미 국방부는 정보 공유 및 방어적 무기 지원은 유지하되 장기 지원은 협상 진전 여부와 연계하겠다는 방침을 내세웠다. 실제로 러시아는 4월 20일 부활절을 맞아 우크라이나와의 단기 휴전에 동의하며 일부 이에 화답하는 모습을 보였다. 다만 러시아가 미국의 의도대로만 움직일 가능성은 낮다는 것이 중론이다.

무엇보다 가장 뚜렷한 변화는 경제 분야에서 나타나고 있다. 트럼프 행정부는 북극 에너지 개발, 희귀 광물 채굴, 우주 기술 등 전략산업 분야에서 러시아와의 공동 프로젝트 가능성을 검토 중이다. 백악관 내부에서도 에너지 시장 안정과 미·러 간 전략 균형의 필요성을 제기하는 목소리가 높아지고 있으며, 일부 경제 제재의 '선별적 완화' 논의도 수면 위로 떠오르고 있다. 이는 미국 외교가 전통적인 가치 중심 동맹 질서에서 이탈해 실익 중심의 선택적 동맹 기조로 이동하고 있음을 보여주는 결정적 장면이다.

미국의 전략 전환은 당연히 유럽과 우크라이나의 강한 반발을 야기하고 있다. 우크라이나는 "자국이 배제된 상태에서 진행되는 종전 협상은 절대 수용할 수 없다"는 강한 유감을 표명했고, 유럽연합 역시 "이는 규범 기반 국제질서를 훼손하는 행

미국의 외교안보 전략 변화: 전통 동맹 vs 선택 동맹 비교

항목	전통적 동맹 기조 (오바마·바이든식)	선택적 동맹 기조 (트럼프 2기)
기반 가치	민주주의, 규범 기반 국제질서	실익 중심, 거래적 현실주의
동맹 접근법	집단 안보·연대 중시	양자 딜 중심, 조건부 협력
중심 파트너	나토, 유럽연합, G7, 한국·일본 등	러시아, 걸프 국가, 개별 이익 국가
우크라이나 전쟁 대응	연대 지원, 군사·재정 공조	협상 중재, 조건부 지원
러시아 정책	제재 강화, 고립 정책	관계 회복, 전략적 교섭
국제무대 메시지	민주 진영 리더십 강조	가치보다 자국 우선 강조
동맹에 대한 태도	책임 공유 강조, 다자주의 지지	방위비 부담·무역 보상 요구

위이며, 민주주의 공동체 간 연대에 대한 중대한 위협"이라고 비판했다. 실제로 트럼프 2기 행정부의 이러한 행보는 나토 및 G7 체제 자체를 흔들고 있다는 우려로 확산되고 있다.

전 세계를 충격에 빠트린 미-우크라이나 정상회담

2025년 2월, 전 세계를 충격에 빠뜨린 역사적 외교 사건이 발생했다. 미국과 러시아 간의 급격한 관계 개선이 진행되던 가운데, 도널드 트럼프 대통령과 볼로디미르 젤렌스키 우크라이나 대통령이 2월 28일 백악관에서 정상회담을 개최했다. 이 회담은 우크라이나에 대한 군사 지원, 러시아와의 평화 협상, 그리고 광물 자원 협력 문제를 조율하기 위해 마련된 자리였다. 그러나 회담은 전대미문의 외교적 충돌로 파국을 맞으며 전 세계에 생중계되는 충격을 남겼다.

양국 정상은 공개석상에서 날 선 설전을 주고받았다. 트럼프 대통령과 부통령 J. D. 밴스는 젤렌스키 대통령에게 미국의 지원에 대한 감사 표시가 부족하다고 비난하며 "당신은 카드를 쥐고 있지 않다"고 압박했다. 이에 젤렌스키 대통령은 "우리는 카드놀이를 하는 것이 아니다"라며 맞받아쳤다. 트럼프 대통령은 우크라이나가 러시아와의 전쟁을 고집할 경우 제3차 세계대전으로 이어질 수 있다며 미국의 군사 지원 철회 가능성을 언급했다. 젤렌스키 대통령은 러시아가 과거 수차례의 협정을 일방적으로 파기했다며 "안보 보장 없는 협상은 무의미하다"고 반박했다.

양국 정상은 서로의 내밀한 감정을 드러내며 정상회담은 사실상 결렬됐다. 양측은 당초 예정됐던 광물 협정 발표 및 후속 일정도 전면 취소했다. 그러나 충격적인 정상회담 장면이 10여 분간 생중계로 전 세계에 송출됐다. 언론은 이를 두고 "외교적 체르노빌"이라고 표현했다.

회담 직후 미국 정부는 우크라이나에 대한 모든 군사적 지원과 정보 공유를 즉각 중단한다고 발표했다. 이는 우크라이나의 방어 역량에 중대한 타격을 가했으며, 국제사회는 미국의 이례적 결정에 대해 깊은 우려를 표명했다. 반면 러시아는 이 회담 결과를 환영하며, 우크라이나 정부의 고립과 외교적 실패를 부각시키는 선전에 나섰다.

　이번 정상회담은 공식 외교 석상에서의 유례없는 충돌과 동맹국에 대한 공개 굴욕이라는 점에서 모두를 충격에 빠트렸다. 외교적으로는 트럼프가 쳐놓은 덫에 우크라이나가 걸려든 결과라는 분석도 제기된다. 무엇보다 이 장면은 향후 트럼프 대통령이 어떤 방식의 외교 기조를 유지할 것인지를 상징적으로 보여줬다. 트럼프 행정부는 이번 사건에서 민주주의·시장경제 연대를 축으로 한 국제질서에서 이탈해 실리 중심의 외교정책을 펼칠 것임을 만천하에 드러냈다. 이날 사건에 비하면 오히려 관세전쟁은 점잖은 편이란 우스갯소리도 나올 정도다.

　현대의 관세전쟁은 상품 가격의 문제가 아닌 '질서'의 문제로 치환해서 바라봐야 한다. 과거 미·소 냉전이 군사력을 중심으로 한 무력 패권 다툼이었다면, 21세기의 냉전은 기술·무역·자원·산업을 무대로 한 경제 전면전으로 바뀌었다. 관세는 이제 국가 간 체제 충돌, 가치 경쟁, 기술 주도권 확보에서의 강자와 약자를 구분하는 장치다. 그렇기에 이 전쟁은 단기적으로 끝나지 않는다. 관세는 수단이자 구조이며 도구이자 선언이다. 그리고 국제질서의 방향성을 가늠하는 '패권의 바로미터'로 기능할 것이다.

21세기 신냉전: 관세, 기술, 규범으로 벌어지는 경제전쟁

21세기 국제질서는 미국과 중국의 '신냉전(New Cold War)' 구도로 평가할 수 있다. 20세기 미국과 소련이 군사력과 이념을 중심으로 대립했다면, 오늘날의 미국과 중국은 경제·기술·공급망·산업 표준을 둘러싼 전방위적 경쟁을 펼치고 있다. 관세는 이 신냉전이 드러나는 가장 직접적이고 상징적인 전쟁 도구다.

트럼프 행정부는 중국을 더 이상 '전략적 파트너'가 아닌 '체제적 경쟁자(systemic rival)'로 규정하면서 2018년부터 고율 관세를 앞세운 대중 압박에 돌입했다. 당시 무역적자와 불공정 무역 관행을 명분으로 내세웠지만 실상은 중국의 부상과 체제 확장을 견제하려는 포괄적 봉쇄 전략의 일환이었다. 바이든 행정부는 이후 표현과 수단은 다소 조정했지만 대중 강경 기조 자체는 유지했다.

항목	20세기 냉전(미국 vs 소련)	21세기 신냉전(미국 vs 중국)
주요 갈등 축	이념(자유주의 vs 사회주의)	기술·산업·경제 패권
대표 수단	군비 경쟁, 군사 동맹	관세, 기술규제, 공급망 재편
진영 구성	양극 체제, 고정된 블록	느슨한 동맹, 비동맹 권역 확대
질서 접근법	군사적 봉쇄와 확장	디커플링, 산업 표준 경쟁
갈등 양상	장기적 무력 대치	실시간 전방위 경제전
대표 전선	유럽(독일 중심)	인도·태평양, 기술 공급망

미국은 관세 외에도 공급망 재편, 수출 통제, 첨단기술 이전 제한, 외국인 투자 심사 강화, 산업 보조금 지급 등 정책 수단의 전방위적 무기화를 추진 중이다. 이로 인해 글로벌 경제 전반에서 '디커플링(decoupling)'과 '탈중국화' 흐름이 촉발됐고, 글로벌 기업들과 우방국들은 사실상 미국을 선택하라는 압박을 받고 있다.

이 같은 흐름 속에서 국제경제 질서의 동맹 구조 역시 재편 중이다. 미국은 기존의 민주주의·시장경제 기반 가치 동맹을 바탕으로 '가치 중심 공급망'을 강조해왔다. 그러나 트럼프 대통령은 이마저도 실리 중심의 협상 구도로 전환해 유럽연합, 멕시코, 캐나다 등 기존 동맹국에조차 관세를 부과하며 '가치보다 이익'이라는 명확한 메시지를 전달하고 있다. 동맹은 유지하되, 그것은 거래의 기술 위에 성립된 조건부 관계가 된 것이다.

한편 중국은 비서구권 국가들과의 연대를 강화하며 자국 중심의 전략 지형 확대에 나서고 있다. 중앙아시아, 아프리카, 동남아, 남미 등지와의 기술·에너지 협력, 인프라 투자, 금융 네트워크 확대 등을 통해 미국 중심 블록의 압박을 회피하고 제3세계 내 영향력을 확대하고 있다. 이는 신냉전에서 '비동맹 중립권'을 포섭하려는 지정학적 전략으로 해석할 수 있다.

이러한 실리 중심의 경제 블록화는 WTO 체제를 기반으로 한 다자무역 질서를 약화시키며, 안보·외교·기술이 결합된 새로운 경제 질서로의 재편을 가속화하고 있다. 이제 각 국가는 무역 관계를 단순한 경제적 계산이 아닌 전략·안보·외교까지 포함한 다층적 차원에서 접근해야 하는 시대에 진입한 것이다. 글로벌 기업 역시 예외가 아니며 공급망·시장 전략에 지정학적 변수의 반영은 필수 과제가 됐다.

이처럼 신냉전은 과거보다 훨씬 복잡하고 유동적인 구도로 전개되고 있다. 오늘날의 패권 경쟁은 AI, 반도체, 배터리, 에너지, 금융 시스템, 디지털 규범, 플랫폼 기술 등 모든 산업·기술 영역에서 실시간으로 진행되고 있다. 단순한 진영 대결이 아니라 정책, 규제, 기술 표준을 통한 질서의 구축 경쟁이 벌어지고 있는 것이다.

문제는 이 경쟁이 단기간에 끝날 가능성이 낮다는 점이다. 향후 수십 년간 지속될 세계 질서 재편의 전장이 되고 있다는 점에서 국제사회의 긴장은 더욱 고조되고 있다. 과거에는 자유주의 대 사회주의라는 명확한 이념 대결이었지만 지금은 블록 간 경쟁, 동시 협력, 불완전한 단절이 병존하는 복합 구도다. 완전한 분리는 불가능하지만 전략적 거리 두기와 지정학적 입장 정리가 동시에 요구되는 시대로 진입한 것이다.

이러한 구도 속에서 가장 민감한 위치에 놓인 국가는 한국과 같은 기술·제조 강국이다. 안보와 기술에서는 미국과의 협력이 필수지만, 동시에 거대한 내수시장과 공급망 중심지로서의 중국을 완전히 배제할 수도 없다. 한국은 이러한 지정학적 샌드위치 상태 속에서 '다차원 외교'와 '유연한 산업 전략'을 동시에 구사해야 하는 고차 방정식과 마주하고 있다.

    결국 신냉전 시대는 기술과 산업, 외교와 무역이 분리되지 않는 총체적 경쟁의 시대다. 그리고 관세는 그 복잡한 충돌의 가장 단순하지만 강력한 신호탄일 뿐이다.

TARIFF WAR

2장

관세전쟁이 뒤흔드는 글로벌 경제

글로벌 경제 전망

멈춰버린 성장 엔진,
거꾸로 가는 전 세계 경제성장률

침체의 시대, 세계 경제는 왜 더 이상 성장하지 않는가

20세기 후반부터 21세기 초반까지 세계 경제는 '성장'을 핵심 동력으로 빠르게 팽창했다. 세계화의 진전, 기술혁신, 그리고 신흥국의 부상은 글로벌 GDP 상승을 견인했고 많은 국가들은 중산층의 확대와 빈곤 탈출이라는 경제적 과실을 누렸다. 한국 역시 이러한 세계 경제성장의 수혜를 입은 대표적 국가다. 실제로 2000년 당시 전 세계 GDP 평균 성장률은 4.8%에 달했고, 이후 3~5% 수준의 안정적 성장을 유지해왔다.

그러나 2008년 글로벌 금융위기를 기점으로 세계 경제의 중심축이던 성장의 동력은 점차 약화됐고 국가별·지역별로 성장 동력이 파편화됐다. 세계 경제는 저성장·저금리·저물가의 이른바 '3저 구조' 속 뉴노멀 시대로 접어들었다. 이후 일시적인 회복세도 있었지만 코로나19 팬데믹, 미·중 갈등의 격화, 러시아-우크라이나 전쟁, 보호무역주의의 확산, 그리고 글로벌 공급망 붕괴 등 연속적 충격들이 동시다발적으로 침체를 야기하고 있다.

특히 2020년 코로나19의 세계적 대유행으로 인해 글로벌 GDP 성장률은 -2.9%를 기록했다. 이는 2000년 이후 두 번째 마이너스 성장이었다. 첫 번째는 글로벌 금융위기 후폭풍이 발생했던 2009년(-1.3%)이었다. 과거의 경제위기나 대공황은 특정 금융시장 혹은 지역에 국한됐다. 하지만 현재의 침체는 수요, 공급, 지정학, 제도 등 모든 영역을 포괄하는 전방위적 양상을 보인다.

세계 경제성장률이 하향 곡선을 그리는 것은 단순히 경기 순환적 요인이 아니다. 세계화의 퇴조라는 표면적이고 분명한 이유 외에도 인구구조의 변화와 기술혁신의 한계 등 여러 요인이 복합적으로 작용한다. 성장은 사람에서 비롯된다. 하지만 지금의 세계는 인구라는 성장동력을 점차 잃어가고 있다. 일본이 그랬듯, 이제는 한국, 중국, 독일 등 주요국에서 저출산과 고령화가 본격화되고 있다. 노동력 감소와 고령 인구의 증가라는 이중 압박은 생산성과 소비, 즉 공급과 수요 양측에서 구조적 한계를 만든다.

'인구 보너스'가 끝나가는 시대에 선진국과 중진국 모두 성장의 '규모의 경제'를 누릴 수 없는 국면으로 진입하고 있다. 더 많은 사람, 더 많은 생산, 더 많은 소비라는 고전적인 성장 공식이 더 이상 통하지 않는 세상이 온 것이다.

기술혁신의 정체 역시 성장률 역행의 주요인이다. 과거 산업혁명은 경제를 단숨에 도약시킨 성장 촉매였다. 하지만 지금의 기술혁신은 더 이상 그와 같은 비선형적 성장이 이뤄지기 쉽지 않다. 물론 2023년 말 등장한 AI 혁신이 새로운 성장을 가져온 것도 분명하지만 이 기술들은 아직까지 생산성 전체를 대규모로 끌어올릴 만큼의 파급력을 보여주진 못하고 있다. 특히 고용 창출이라는 측면에서는 오히려 일자리를 대체하는 경향이 강한 기술 개발의 역설은 성장률에 대한 예측을 어렵게 하는 요인이다.

마지막으로 세계 경제를 억누르는 또 하나의 중대한 요인은 정책 불확실성의 확산이다. 미국을 필두로 한 고금리 정책, 글로벌 차원의 통화 긴축, 각국 정부의 재정 여력 고갈 등은 모두 세계 경제의 회복 여지를 제한하고 있다. 특히 보호무역주의의 부활과 산업정책의 전면화는 세계 경제를 하나로 묶어주던 국제 협력의 구조를 해체하고 있다. 각국은 다시 국경 안으로 시선을 돌리고 있으며, 이는 신흥국 경제의 성장 여건을 결정적으로 훼손하는 방향으로 작용하고 있다. 무역과 투자가 분절되고 정책 불확실성이 높아질수록 자본은 보수적으로 움직일 수밖에 없다. 결국 세계는 '성장하는 세계'에서 '방어하는 세계'로 전환되고 있는 셈이다.

통계로 확인된 저성장, 구조적 저성장의 시대

국제통화기금(IMF), 경제협력개발기구(OECD), 세계은행(World Bank) 등 주요 국제기구들은 2020년 이후 세계 경제의 구조적 저성장이 고착화될 것이라는 비관적 전망을 경쟁적으로 내놓고 있다. 연초 주요 경제기관들은 2025년 세계 경제성장률 전망치를 내놓았다. IMF가 3.3%, OECD가 3.1%, 세계은행이 2.7%였다. 이는 2000~2019년 평균 성장률인 3.8%보다 약 1% 낮은 수치다. 특히 IMF는 4월 22일 올해 세계 성장률을 기존 발표치보다 0.5% 낮은 2.8%로 수정했다. 미국의 상호관세 조치 등 트럼프발 통상전쟁의 악영향을 감안한 숫자다.

관세전쟁의 중심에 있는 미국의 성장률도 크게 조정됐다. 미국의 올해 성장률 전망치는 기존 2.7%에서 1.8%로 대폭 하향 조정됐다. 이는 무려 0.9% 감소한 수치다. 중국 역시 기존 4.6%에서 4.0%로 전망이 낮아졌다. 대외경제변수에다 정치 리스크까지 더해진 한국은 더 큰 충격을 받았다. IMF는 한국의 2025년 성장률을 기존 예상치인 2.0%에서 1.0%로 1%나 하향 조정했다. 이번 데이터는 관세전쟁의 여파가 상당 부분 반영된 것으로, 미국이 중국 제품에 부과하는 실질 관세율을 115% 수준으로 산정해 도출된 수치다. 한국이 미·중 무역 갈등에 노출된 공급망의 일환이라는 점도 반영됐다.

이처럼 각국의 성장률 전망은 전방위적인 통상 충돌과 보호무역주의의 강화, 글로벌 공급망 재편 등의 복합적 변수 속에서 지속적인 하향 압력을 받고 있다. 세계 경제는 이제 '일시적 위기'가 아닌 '구조적 침체'라는 장기 트렌드에 접어들고 있음을 보여주는 신호탄이다.

이와 함께 '탈세계화' 흐름은 글로벌 무역을 위축시키고 있다. 미·중 간 전략 경쟁, 보호무역 기조 강화, 공급망 재편 등의 영향으로 팬데믹 이전에 비해 세계 무역 성장률 역시 현저히 낮아졌다. IMF는 통상전쟁으로 인해 올해 글로벌 무역 성장률이

세계 GDP 성장률

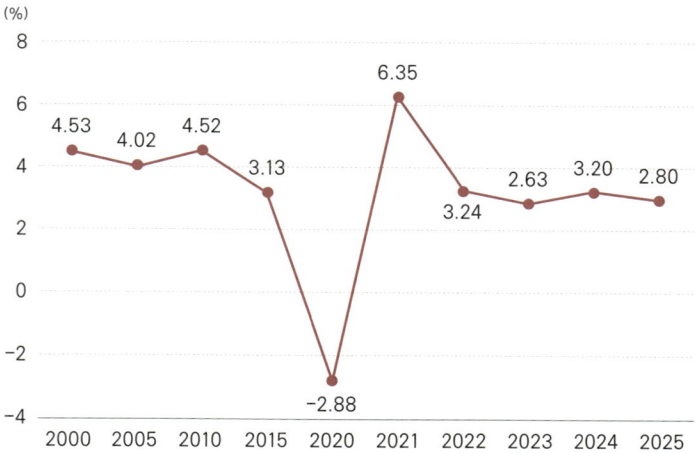

* 2024, 2025년은 예상치임.
자료: IMF

1.7% 성장할 것이라고 전망했다. 1월에 내놓았던 기존 전망보다 1.5%나 추락한 결과다. IMF는 "(미국은) 지난 1세기 동안 보지 못한 수준으로 관세율을 높였다"며 "이 자체만으로도 성장에 중대한 부정적인 충격을 줄 것"이라고 우려를 표했다. 또한 2024년 기준 신규 무역제한 조치는 팬데믹 이전인 2019년에 비해 3배 이상 증가했다. 이러한 현상은 지정학적 리스크, 국가 간 생산성 격차, 정책 불확실성 등이 복합적으로 작용한 결과다.

OECD 역시 "2025년 세계 경제는 일정한 회복 탄력성을 갖고 있으나, 지정학적 긴장, 무역장벽, 정책 불확실성이 성장의 발목을 잡고 있다"며 "보호주의의 강화는 경쟁 촉진과 생산성 제고, 신흥국의 성장잠재력을 저해할 수 있다"고 지적했다.

결국 세계 경제는 과거처럼 일시적 위기 이후 빠르게 반등하

세계 경제 전망 예측

(단위: %)

	GDP 성장률 전망		
	2024	2025	2026
미국	2.8	1.8	1.7
일본	1.1	0.6	0.6
영국	1.1	1.1	1.4
캐나다	1.5	1.4	1.6
중국	5.0	4.0	4.0
러시아	4.1	1.5	0.9

자료: IMF

는 'V자 회복'의 시대를 지나, 구조적이고 지속적인 저성장에 직면한 새로운 국면으로 접어들고 있다. 공급망과 무역 질서의 재편, 보호주의적 산업정책의 확산, 그리고 통상 분쟁의 장기화는 단지 성장률의 수치를 낮추는 데 그치지 않는다. 그것은 곧 경제구조의 근본적 전환을 뜻하며 기존 성장 모델에 대한 재설계가 불가피함을 의미한다. 주요국 정부와 기업, 국제기구는 더 이상 과거의 방식으로 미래를 설명할 수 없다는 점을 인식해야 한다. '지속 가능한 성장'에 대한 새로운 패러다임을 모색해야 할 시점이다. 지금의 위기는 단지 침체가 아니라 세계 경제의 작동원리를 바꾸는 대전환의 변곡점이다.

중국, 세계의 공장에서 '불안한 거인'으로

한때 '세계의 공장'이라 불리며 글로벌 제조업의 심장부로 군림했던 중국은 지금 중대한 전환점에 서 있다. 값싼 노동력, 대규모 인프라, 정부 주도의 산업지원 정책을 바탕으로 애플의 아이폰에서부터 테슬라의 배터리에 이르기까지 수많은 글로벌 기업들이 중국으로 향했다.

그러나 미·중 전략 경쟁이 격화되면서 '중국 중심형 공급망'은 구조적 한계에 직면했다. 트럼프 행정부는 고율 관세와 기술 제재로 중국을 압박했고, 바이든 행정부는 반도체, AI, 통신 등 핵심 기술 부문에서 정교화된 디커플링 전략을 펼치고 있다. 글로벌 기업들은 '차이나 리스크'를 회피하기 위해 베트남, 인도, 멕시코 등으로 생산기지를 분산(차이나+1 전략)하고 있다. 중국은 더 이상 글로벌 가치사슬의 '절대 거점'이 아니다. 기술 패권과 안보가 얽힌 국제정세 속에서 세계는 중국으로부터 서서히 이탈하고 있다.

중국 경제의 가장 심각한 구조적 위협은 인구구조의 급변이다. 한 세대 전만 해도 '노동력의 바다'로 불렸던 중국은 이제 초저출산과 고령화의 덫에 빠져 있다. 2023년 기준 중국의 합계출산율은 0.95명으로 공식 발표됐다. 이는 세계 최저 출산율을 기록한 한국(0.72명) 다음으로 낮은 수치이며 인구 유지에 필요한 대체출산율(2.1명)에 한참 못 미친다. 이러한 초저출산 흐름은 중국 사회 전반에 심각한 구조적 영향을 미치고 있다.

같은 해 중국의 65세 이상 고령 인구는 약 2억 1600만 명으로 전체 인구의 15.4%를 차지했다. 빠르게 고령사회로 진입하고 있는 것이다. 2010년까지만 해도 고령 비중은 8.9%에 불과했다. 하지만 불과 13년 만에 2배 가까이 증가한 것이다. 특히 2040년대에 이르면 중국 전체 인구의 30% 이상이 고령자로 전환될 것으로 전망된다. 이는 일본보다도 빠른 속도의 고령화 추이다. 또 1인 가구는 1억 명을 돌파했고 비혼·비출산을 선언하는 '탕핑(躺平, 드러눕기) 세대'의 확산은 중국식 가족주의의 붕괴를 반영하고 있다. 고령화가 복지재정, 국방력, 정치 안정성까지 위협하는 총체적 리스크로 확대되고 있다.

이와 동시에 생산가능인구(15~64세)는 2015년부터 이미 감소세로 돌아섰다. 2023년 기준 약 8억 7000만 명 수준으로, 전체 인구에서 차지하는 비중도 매년 줄고 있다. 이 추세는 노동력 부족과 함께 노동비용 상승을 불러왔다. 이는 과거 중국의 가장 큰 경쟁력이던 '저비용 제조기지'로서의 위상을 약화시키는 원인으로 작용하고 있다. 이러한 인구구조의 전환은 단순한 사회현상이 아니다. 경제성장률 둔화, 소비 위축, 복지재정 압박, 제조업 기반 이탈 등 전방위적인 구조적 위기를 촉발한다. 중국이 직면한 인구 위기는 이제 더 이상 미래의 문제가 아니라 이미 다가온 현재의 문제다.

2023년 여름, 중국 국가통계국은 청년 실업률이 21.3%를 돌파했다고 발표했다. 이는 2008년 금융위기 당시 남유럽과 유사하며 전 세계 주요국 중 최고치다. 이후 정부는 청년 실업 통계 발표를 중단해버렸다. 이는 사회적 불신을 증폭시켰다. 청년들은 정규직 취업을 포기하고, 시험 준비나 '탕핑' 등 소극적 대응으로 전환했다. 대학 진학률이 60%를 넘었지만 IT, 콘텐츠, 금융 등 선호 산업군은 규제 강화와 성장 둔화로 채용을 줄였다. 고학력·중숙련 인재의 일자리 부족이 현실화된 것이다. 이는 출산 지연, 소비 위축, 계층 사다리 붕괴라는 장기 리스크로 이어지고 있다. 청년 실업은 단지 사회문제에 그치지 않는다. 이는 내수 부진, 성장률 하락, 정치적 불안정성을 야기하는 복합 위기가 되고 있다.

2024년 개봉한 중국 영화 〈역행인생〉은 이러한 청년실업 문제를 직접적으로 다루고 있는 작품으로, 중국 사회가 직면한 일자리 부족과 경제구조의 불균형을 조명했다. 천만 명에 달하는 배달노동자들의 현실을 중심에 두고, 플랫폼 노동의 과잉, 청년실업의 구조화, 사회적 사다리의 붕괴라는 문제를 사실적으로 그려낸다. 현재 중국 문제에 관심이 있다면 한번 볼 만하다.

2024년 개봉한 중국 영화 〈역행인생〉 포스터

중국 경제의 마지막 성장 엔진이라 불리던 부동산 산업 역시 구조적 위기에 직면해 있다. 헝다(恒大) 사태로 시작된 도미노 디폴트 사태는 지방정부 재정 악화와 연계돼 전방위로 확산 중이다. 중국의 부동산 위기는 과공급에서 기인한다. 또한 토지사용권 매각 기반 재정 모델의 한계를 시인한 꼴이다. 중국 내 부동산 문제는 현재 금융 불안과 소비 위축을 유발하는 구조적 부채로 작용하고 있다.

중국 정부는 출산율, 실업, 부동산 위기에 대응하기 위해 다양한 정책을 펼치고 있다. 특히 기술자립과 첨단산업 국산화 전략은 산업구조를 재편하고 이를 기반으로 대혁신을 이뤄내는 핵심 정책이다. 하지만 미국과 유럽의 기술 차단 및 공급망 배제 전략은 큰 걸림돌이 되고 있다. 자립성과 글로벌 공조가 양립하기 힘든 것처럼 현재 미국의 산업 전략은 딜레마에 빠진 상태다.

중국은 이제 공급망 중심국에서 인구 고령화 등 인구 문제와 부동산 버블 등 재정 위기로 복합적인 위기에 처해 있다. 한때 최대 자산이었던 인구는 가장 큰 위협이 됐고 최고의 무기였던 공급망의 힘도 줄어들고 있다. 중국의 경제 문제는 더 이상 단순한 경기조정 국면이 아니다. 그것은 성장 모델 전체의 구조적 전환이자 체제 지속성 자체에 대한 시험대다. 세계는 더 이상 '성장하는 중국'에 기대지 않는다. 지금 세계는 '조정받는 중국', 더 나아가 '축소되는 중국'에 어떻게 적응할 것인가를 묻고 있다.

세계 경제의 중력 이동, 재편되는 세계 경제와 국가의 생존 전략

유럽, 일본, 신흥국 역시 저성장의 늪에서 탈출하지 못하고 있다. 유럽은 러시아-우크라이나 전쟁 이후 에너지 수급 불안이 만성화됐다. 러시아산 에너지 의존도를 크게 낮추면서 천연가스 가격은 2021년 대비 최고 4배까지 급등했다. 이는 유럽의 중심국인 독일을 흔드는 핵심 변수가 됐다. 이후 유럽 경제는 제대로 힘 한번 써보지 못한 채 비틀대고 있다. 저성장 침체 우려 속에서 복지지출 확대 등으로 인한 정부 재정건전성 악화도 가속 중이다. 금리 인하 카드를 꺼내들었던 유럽중앙은행(ECB)은 다시 한번 관세전쟁발 인플레이션 우려를 신경 쓰며 국제경제 질서를 예의주시하고 있다.

일본은 여전히 '잃어버린 30년'의 그림자에서 완전히 벗어나지 못하고 있다. GDP 대비 정부부채 비율은 260%를 넘는 세계 최고 수준이다. 전체 인구 중 65세 이상이 차지하는 고령화율은 29%로 글로벌 최고치를 기록하고 있다. 이처럼 심각한 인구구조 변화는 내수시장 위축과 노동력 부족이라는 구조적 한계를 더욱 부각시킨다.

무엇보다 오랜 기간 지속된 초저금리 정책과 엔저(低円) 기조는 수출기업의 경쟁력을 높여줬지만 동시에 수입물가 상승과 실질임금 하락이라는 부작용을 초래했다. 2024년 기준 일본의 실질임금은 1994년보다 낮은 수준에 머물고 있다. 이는 일본 경제의 정체성을 상징적으로 보여주는 지표로 여겨진다.

그러나 최근 글로벌 금리환경 변화와 함께 일본도 반세기 만의 정책 전환 신호를 보내고 있다. 2024년 하반기부터 엔화가 강세로 돌아서고 있으며, 일본은행(BOJ)은 마침내 '금리 정상화'에 대한 입장을 공식화했다. 2024년 3월, 일본은행은 마이너스 금리를 해제하며 17년 만에 정책금리를 0% 이상으로 끌어올리는 조치를 단행했다. 이는 물가상승률이 목표치를 상회하고, 노동시장에서도 임금 인상 압력이 지속되고 있기 때문이다.

이러한 금리 정상화 조치는 엔화 강세를 동반하며 일본 경제에 새로운 국면을 열고 있다. 환율이 강세로 전환되면 수입물가 안정에는 기여하겠지만, 수출 중심의 제조업 경쟁력은 일부 약화될 수 있다. 동시에 금리 상승은 부채를 많이 지고 있는 정부와 민간 부문에 부담을 줄 수 있어, 경제 전반에 걸친 복합적 리스크로 이어질 가능성도 제기된다.

결국 일본은 이제 저성장, 고령화, 재정 악화라는 30년간 지속된 구조적 문제점을 극복하고자 금리와 환율이라는 새로운 무기를 앞세우고 있다. 일본은행의 통화정책 전환은 세계 경제 구조 전환의 한 단면을 상징한다. 이는 '잃어버린 30년' 이후 일본이 새로운 질서로 나아갈 수 있을지 시험대에 올라섰음을 뜻한다.

신흥국들은 외환과 금리 충격에 취약한 모습을 여전히 노출 중이다. 미국 중앙은행(Fed)의 고금리 유지 기조는 글로벌 자금의 선진국 쏠림을 유지시키는 힘이 됐다. IMF에 따르면 2024년 기준 신흥국에서 순유출된 외국인 자본은 약 3800억 달러에 달한다. 이는 외채상환 부담과 환율 불안을 동시에 가중시키고 있으며, 외국인 투자 급감과 수입물가 상승이라는 악순환으로 이어지고 있다.

이처럼 지금의 세계 경제 둔화는 단순한 경기순환이 아닌, 구조적 전환과 지정학적 재편의 결과다. 각국은 기술자립, 전략산업 육성, 자국 중심 공급망 형성을 국가 전략으로 채택하고 있다. 이는 곧 세계화 규칙의 해체이자 새로운 질서 형성의 과정으로 볼 수 있다. IMF는 이를 "기술·무역·안보의 동시 충격에 따른 세계 경제 질서의 다극화"로 규정하고 있다.

특히 글로벌 공급망은 기존의 '효율성' 최우선 기조에서 '안정성' 중심으로 재편되고 있다. 분절화, 지역화가 공급망 전략의 핵심 키워드로 떠오르고 있다. 한국처럼 수출 의존도가 높은 국가는 단순한 생산기지 역할을 넘어 기술력·정책 안정성·전략적 위치를 활용한 '공급망 허브 국가'로의 도약이 생존을 위한 최선의 방법이다. 단순한 기술 경쟁력만으로는 생존이 보장되지 않는 시대다. 국가 단위의 산업 포트폴리오 전환, 전략 기술 내재화, 정치·외교적 리스크 분산 전략이 결합되어야 비로소 생존을 넘어 성장의 기회를 찾을 수 있을 것이다. 경제는 정치의 반영이다. 세계 경제의 침체는 단지 수치의 문제가 아닌, 새로운 질서 재편의 서막이다. 그리고 우리는 그 최전선에 서 있다.

관세전쟁이
산업에 미친 악영향

전략 자산의 시대, 산업의 안보화와 기술 패권전쟁

    2000년대 초반까지 산업정책의 초점은 생산성 향상, 기술혁신, 수출 경쟁력 강화에 맞춰졌다. 그러나 2020년대에 들어서며 산업의 판도가 달라졌다. 보호무역주의의 부활, 전략 물자의 무기화, 지정학적 갈등의 심화는 더 이상 단순한 외생 변수로 취급되지 않는다. 오히려 이들은 산업의 생존 조건을 규정하는 핵심 요소가 되었다. 코로나19 팬데믹과 러시아-우크라이나 전쟁은 이 변화를 더욱 가속화했다. 팬데믹은 글로벌 공급망의 균열을 낳았고, 전쟁은 에너지·식량·금속 등 자원이 산업에 미치는 영향을 전 세계에 강력하게 각인시켰다. 이와 함께 진행 중인 미·중 경쟁은 기술과 산업을 안보의 영역으로 명백히 편입

시켰다.

특히 반도체, 배터리, 희토류 등은 단순한 산업재가 아닌 '전략 자산'으로 재정의되고 있다. 효율성과 저비용이라는 전통적 가치 기준은 점차 퇴색하고 있으며 공급망 통제력, 자원 확보력, 기술과 표준의 선점 능력이 산업의 운명을 좌우한다.

이런 세계적 재편 속에서 한국은 단순한 주변국이 아닌, 산업 지정학의 한복판에 있는 당사자다. 한국은 자동차와 반도체라는 핵심 전략산업을 필두로 배터리, 석유화학 등 산업 전반에서 경쟁력을 갖추고 있다. 이러한 산업 경쟁력은 미국과 중국 사이에 끼어 있는 특수성을 기회로 활용하는 힘이 됐다. 하지만 현재진행형인 글로벌 무역 질서 재편에서는 오히려 위기가 되고 독일 될 수 있다는 우려도 커진다. 산업 전환의 압박은 더욱 직접적이고 복합적으로 진행되고 있기 때문이다.

기술 산업의 대표격인 반도체는 흔히 '21세기의 석유'라 불린다. 스마트폰, 데이터센터, 전기차, 국방 시스템에 이르기까지 첨단기술의 거의 모든 분야에 필수적이다. 특히 AI 산업의 개화는 반도체 산업에도 대변혁을 예고한다. 즉 반도체 산업에서의 경쟁력이 결국 미래 산업의 성패를 결정할 수 있다는 의미다.

미국은 2022년 10월, 첨단 반도체(14nm 이하) 생산장비와 기술의 대중국 수출을 금지하는 '반도체 수출 통제 패키지'를 발표했다. 이후 ASML(네덜란드), 도쿄일렉트론(일본) 등 동맹국 기업에도 협조를 요청하며, 사실상 '기술 봉쇄 연합'을 구축했다.

글로벌 파운드리 시장을 주도하는 TSMC와 삼성전자도 동참을 강요받았다. 이 같은 분위기 속에서 주요 반도체 기업들의 사업 자율성은 크게 침해받고 있다. 국내 기업뿐 아니라 엔비디아, 퀄컴 등 미국 내 대표 기업들조차 미국의 봉쇄 정책에 불만을 표하고 있는 실정이다.

미국은 '팹4(Fab 4)'로 불리는 미국-일본-한국-대만 간 반도체 공급망 협력 체계를 추진해왔다. 이는 기술력과 생산능력을 보유한 민주주의 진영을 규합해 중국을 배제하려는 전략적 구상이다.

이에 맞서 중국은 SMIC, YMTC, CXMT, 화웨이 등을 중심으로 독자적 반도체 생태계 구축에 나서고 있다. 문제는 한국과 대만이다. 삼성전자, SK하이닉스, TSMC 모두 중국 내 생산 거점을 운영하면서 미국 내 투자도 확대하고 있다는 점이다. 즉 한국은 기술과 공급망, 시장 접근성을 모두 감안해서 투자 전략을 짜야 하는 쉽지 않은 상황에 처해 있다. 앞으로도 지정학 갈등이 지속될 경우 한국 반도체 기업들은 수출 다변화, 생산 거점 재조정, 핵심 기술의 내재화라는 3대 전략을 동시에 추진해야 하는 과제를 안게 될 것이다. 이는 단순히 기업의 경영전략이 아닌 국가 차원의 산업 전략으로 격상되어야 할 문제다.

무기화된 자원, 지정학이 뒤흔드는 원자재 전쟁

한때 단순한 '거래 수단'으로 여겨졌던 자원은 이제 경제안보와 외교 전략의 핵심 도구로 부상하고 있다. 자원은 더 이상 시장가격에 의해만 움직이지 않는다. 국가는 전략적 판단과 외교적 이해관계에 따라 자원을 통제하고 무기화한다. 이러한 흐름은 특히 원자재·에너지·핵심 광물 부문에서 뚜렷하게 나타난다.

2022년 러시아-우크라이나 전쟁은 원유와 천연가스의 전략적 가치를 전 세계에 각인시킨 사건이었다. 러시아산 천연가스 의존도가 높았던 유럽은 유가 폭등과 에너지 수급 불안으로 난방·산업용 비용이 폭등했다. 이는 극심한 물가 상승으로 이어졌고 그 후유증은 아직도 남아 있다. 이후 유럽은 LNG 수입처 다변화, 재생에너지 확대, 에너지 절약 캠페인 등으로 대응했다. 에너지 패권 경쟁이 국제무역 질서에서 드러낸 존재감은 다시 한번 세계를 긴장시켰다. 물론 이전에도 중동 정세 불안, OPEC+의 공급 통제, 미국의 셰일가스 생산 조절 등 전통적 관점에서 에너지 자원의 중요성을 인식시켜 준 사례는 존재했다. 하지만 앞으로도 에너지 수급과 안정이 국가안보의 핵심 요소가 될 것이란 점은 더욱 분명해졌다.

전통 에너지에서 전기차, 수소, 태양광, 풍력 등 신재생에너지로의 전환 역시 자원 패권 경쟁의 새로운 무대를 형성하고 있다. 미국과 유럽연합은 탄소중립(Net-Zero) 목표 달성을 위해 친환경 에너지 확대를 강력히 추진했다. 전기차 보급, 재생에너지 발전 비중 확대, 에너지 저장 기술 개발에 막대한 재정을 투입해왔다. 특히 유럽은 러시아 에너지 의존에서 탈피하고자 2022년 이후 태양광 패널, 해상풍력 단지, 수소 인프라 구축을 핵심 국가 전략으로 설정했다.

그러나 2023년 이후 각국은 일제히 신재생에너지 정책의 '속도 조절'에 들어갔다. 유럽은 에너지 전환 과정에서 발생한 전기요금 급등, 전력망 불안정, 탈탄소 인프라 구축 지연 등 현실적 한계에 직면했다. 탈원전을 선언했던 독일, 프랑스 등의 국가는 일부 원전 재가동과 천연가스 기반의 과도기적 전략을 수립하며 정책 수정에 나섰다. 미국도 친환경 정책 위주였던 바이든 정부가 트럼프 정부로 교체되며 선택의 기로에 섰다. 친환경 정책과 관련 보조금 제도에 대해 트럼프 대통령은 부정적인 입장이다.

특히 신재생에너지 역시 새로운 자원 의존 문제를 낳으며 주객전도의 문제가 발생 중이다. 전기차 배터리에는 리튬·니켈·코발트가 필요하고, 태양광과 풍력 설비에는 희토류·실리콘·구리 등이 대량으로 들어간다. 즉 신재생에너지 확대는 단순한 '친환경 전환'이 아니라 기존 화석연료 의존에서 새로운 전략광물 의존으로의 이동을 의미한다. 이 과정에서 희소 자원의 지정학적 편중은 또 다른 공급망 리스크를 낳으며 아이러니하게 자원안보의 중요성을 부각시키고 있는 것이다.

결국 신재생에너지 시대에도 '자원 패권'의 경쟁은 멈추지 않는다. 에너지 전환은 탈탄소를 지향하지만, 동시에 새로운 형태의 자원 의존, 기술 내재화, 공급망 확보 전략을 요구한다. 향후 국제무역 질서와 안보 구도는 '탄소 기반'에서 '광물 기반'으로 재편되며 경쟁의 축도 뒤바뀔 것이다.

희토류를 쥔 중국, '칼날 없는 무기'의 실체

리튬, 니켈, 코발트, 희토류 등 핵심 광물은 이제 경제안보와 외교 전략의 핵심 자산으로 부상했다. 자원은 시장 논리를 넘어 정치와 기술 패권의 도구로 기능하고 있으며, 이른바 '자원 무기화'라는 개념이 생겨났다. 위의 광물은 배터리, 모터, 에너지저장장치 등 첨단산업의 필수 구성요소로 쓰인다. 리튬, 니켈, 코발트는 전기차 배터리의 핵심 원료로 에너지 저장과 밀도, 안정성을 좌우한다. 희토류는 F-35 전투기, 스텔스 기술, 잠수함 탐지 시스템, 미사일 유도 장치 등 군사 기술과, MRI 조영제(가돌리늄), 암 치료용 방사성 약물(이트륨, 루테튬) 등 의료 분야에서도 없어서는 안 될 자원이다. 일부는 대체재가 없고, 극소량만으로도 핵심 기능을 수행하는 등 전략 자원으로서의 속성이 매우 강하다.

문제는 이들 자원의 공급이 특정 국가에 과도하게 집중되어 있다는 점이다. 중국은 희토류 정제의 90% 이상을, 콩고는 코발트의 70% 이상을, 인도네시아는 니켈 생산의 40%를 담당하고 있다. 이처럼 특정 국가가 자원 가치사슬을 장악한 구조는 국가 간 갈등이 심화될수록 자원을 전략적으로 통제하려는 유인을 제공하고 있다.

중국은 2023년 하반기 갈륨과 게르마늄에 대한 수출 규제를 시행한 데 이어 2024년에는 흑연과 희토류에 대한 수출 통제 범위를 확대했다. 미국이 기술을 볼모 삼아 중국을 압박한다면, 중국은 광물과 자원이 그 역할을 하고 있다. 국제사회는 이러한 조치를 단순한 수출 제한이 아닌, 경제안보를 둘러싼 '자원전쟁'으로 바라보고 있다.

2025년 4월, 미국이 대중 고율 관세 조치를 발표하자 중국은 특정 세율까지만 대응한 뒤 추가적인 보복관세를 조치하지 않는다고 밝혔다. 대신 중국은 희퇴류 규제를 보탰다. 사마륨, 가돌리늄, 터븀, 디스프로슘, 루테튬, 스칸듐, 이트륨 등 7종의 희토류와 이들로 제조되는 자석 제품에 대해 특별 수출 허가제를 도입한 것이다. 관세가 아니어도 상대방을 두려움에 떨게 할 무기들은 충분히 있다는 뜻이다. 이는 단순한 무역 보복을 넘어 미국의 국방 및 첨단기술 산업 전반에 직격탄을 날리는 조치였다. 중국은 한발 더 나아가 희토류의 정제·가공 기술 자체의 해외 이전도 제한하며 단순한 자원 통제를 넘어 기술 통제를 통한 공급망 지배력까지 강화하고 있다. 이는 미국과 유럽의 첨단 부품 제조업체들의 핵심 중간재 확보를 어렵게 하는 요인이다. 결국 희토류발 공급망 병목은 예견된 일이다.

미국, 일본, 유럽연합 등은 이러한 중국의 광물 전략에 대응해 희토류 비축 확대, 공급망 다변화, 재활용 기술 개발에 적극 나서고 있다. 호주, 캐나다, 베트남 등이 대체 공급처로 주목받고 있다. 미국은 2024년부터 본격적인 희토류 국산화 전략을 추진 중이다. 그러나 이러한 일들이 하루아침에 가능한 것은 결코 아니다. 광물을 찾아 해당 지역을 개발해야 하며 양질의 광물을 잘 제련하고 운반해 활용하려면 막대한 시간 투자와 자원 집중이 불가피하다. 즉 장기적 전략으로는 유효하겠지만 당장 중국의 인질극에 대응할 단기적 해결책은 없다는 뜻이다.

한국 역시 핵심 광물의 전량 수입 의존 구조에서 벗어나야

국가별 희토류 생산량

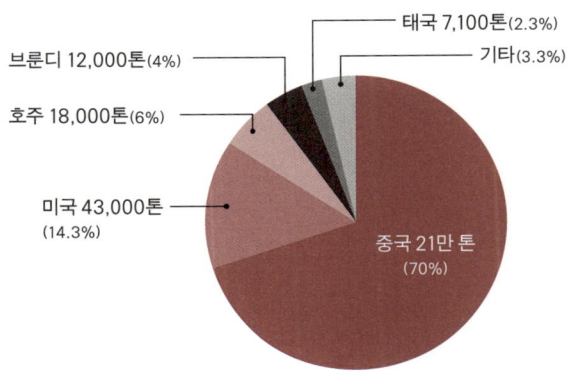

* 2022년 기준.
자료: 미 지질조사국(USGS)

할 절박한 상황에 놓여 있다. 배터리 강국인 한국 입장에서 배터리 핵심 소재들의 높은 중국 의존도는 북미 사업을 어렵게 하는 가장 큰 요인 중 하나다. 배터리 생산 공장을 미국에 짓더라도 배터리를 만들기 위한 핵심 소재들이 결국 중국산이라면 미국이 보장하는 보조금이나 지원책들은 무용지물이다. 이제 광물은 산업 생존의 핵심 기반이자 외교 전략의 중심축이 됐다. 모두가 이 문제를 바라보고 있다.

급변하는 금융시장과
투자환경 변화

팬데믹 이후의 후폭풍,
유동성 잔치의 끝과 글로벌 자산의 균열

　코로나19 팬데믹 이후, 세계 각국은 전례 없는 수준의 유동성 기반 통화정책에 돌입했다. 미국 중앙은행을 비롯한 주요국 중앙은행들은 수천억 달러에 달하는 채권을 매입하고 기준금리를 사실상 0%에 맞추며 대규모 유동성을 공급했다. 시장으로 쏟아진 돈들은 주식, 부동산, 암호화폐로 흘러들어 갔고 너나없이 자산 가격이 급등했다. 이는 팬데믹을 오히려 기회처럼 느끼게 했다.

　그러나 2021년 하반기부터 본격화된 인플레이션은 이러한 금융 환경을 뒤흔들었다. 미국 소비자물가지수(CPI)는 2022년

6월, 전년 대비 9.1% 상승하며 40년 만의 최고치를 찍었다. 연준은 물가를 잡기 위해 2022년부터 2023년까지 무려 11차례에 걸쳐 기준금리를 인상했다. 그렇게 미국의 기준금리는 5.25~5.50%에 도달했다. 유럽중앙은행과 한국은행 역시 물가 상승의 연쇄효과를 피하지 못했고 금리 인상 대열에 합류했다.

급격한 금리 인상은 전 세계 금융시장에 연쇄적인 충격을 안겼다. 특히 정책금리 상승, 강달러 기조, 주식·채권 시장 조정이 동시다발적으로 발생하면서 시장은 '3중 불안정 구조'에 빠졌다. 강달러는 신흥국 자산에서의 자본 유출을 촉진했고 고금리는 기업의 차입 비용을 증가시키며 주가를 압박했다. 채권 가격은 금리 상승에 따라 하락해 보유 자산의 평가손실을 불러왔다. 이는 단순한 유동성 회수 이상의 충격이었다. 글로벌 금융시장은 수익률 하락, 환차손, 투자 회피라는 3중고에 맞닥뜨렸다.

미국이 금리를 급격히 인상하면서 나타난 강달러 현상은 글로벌 자금 흐름의 중심을 쥐고 흔들었다. 2022년 9월, 달러 인덱스는 113포인트를 돌파하며 20년 만에 최고치를 기록했다. 달러 인덱스란 미국 달러의 주요 6개국 통화 대비 상대 가치를 나타내는 지표로, 이 지수가 상승한다는 것은 달러 가치가 높아짐을 의미한다. 이는 단순한 통화가치 상승이 아닌, 세계 금융체제 전반에 구조적 영향을 미치는 파동으로 작용했다. 가장 큰 타격은 신흥국 경제에 집중됐다. 달러 강세는 루피, 페소, 링

깃, 원화 등 신흥국 통화의 약세를 가져왔다. 이는 수입물가 상승과 외채상환 부담으로 이어졌다. 외화표시 부채 비중이 높은 국가일수록 통화가치 하락과 유동성 위축이란 이중고로부터 취약했다.

상당수의 외국인 자금은 고금리·저위험의 미국 국채로 이동했고 신흥국 증시와 채권시장에서 대규모 자본 유출이 발생했다. 일부 국가는 자국 통화 방어를 위해 기준금리를 추가 인상하거나 외환보유고를 동원했지만 무용지물이었다. 이러한 흐름은 실물경제에도 전이됐다. 수입물가 상승은 소비자물가 인상으로 이어졌고, 이는 다시 민간 소비를 위축시키는 악순환 구조를 고착화시켰다.

강달러는 원자재 시장에도 복합적인 영향을 미쳤다. 통상적으로 달러 강세는 유가, 구리, 금, 곡물 등 국제 원자재 가격을 하락시키는 압력을 가한다. 하지만 리튬, 희토류 등 특정 전략 자원은 오히려 가격이 상승하며 예외적 흐름을 보였다. 이는 달러 가치 변화뿐 아니라 자원 무기화와 공급망 리스크가 교차하는 구간이 형성되고 있음을 시사했다. 기업 입장에서 환율 변동성은 큰 변수가 됐다. 달러 부채가 많은 기업은 환차손 부담이 커졌고, 수출기업은 환율 수혜를 입기도 했다. 그러나 환율의 급변동성이 워낙 큰 탓에 환헤지 전략이 부족한 기업은 실적에 큰 타격을 입을 수밖에 없었다. 실제로 삼성전자, TSMC, 애플 등의 실적 보고서에서는 환율 효과가 핵심 변수로 등장하고 있다. 글로벌 수출기업 전반에 걸쳐 통화 전략이 경영전략의 핵심 축으로 재편되고 있다.

트럼프 이후의 달러, 패권통화의 지위는 유지될 수 있는가

그리고 트럼프 2기 행정부 출범으로 또다시 새로운 상황을 맞이한다. 2025년 4월 말 기준 달러 인덱스는 98.32로 하락하며 2022년 이후 최저 수준으로 하락했다. 이는 연초 대비 약 9% 하락한 수치이며, 4월 들어서만 5% 이상 급락한 결과다. 이번 달러 약세의 가장 직접적인 기저에는 정책 신뢰도의 훼손이 자리한다. 도널드 트럼프 대통령은 재집권 직후부터 연준의 통화정책에 공개적으로 개입하며 시장을 자극했다. 제롬 파월 의장에 대한 경질 가능성을 시사한 발언은 연준의 독립성에 대한 의구심을 키웠다. 주식시장은 흔들렸고 달러에 대한 신뢰는 낮아졌다. 기축통화의 지위는 단순히 미국 경제의 크기만으로 유지되지 않는다. 그것은 중앙은행의 독립성, 정책의 예측 가능성, 글로벌 신뢰라는 무형의 기반 위에 세워져 있다. 이러한 전제 조건이 흔들리면서 달러의 지위 역시 자연스럽게 금이 가기 시작한다.

트럼프 행정부는 2025년 들어 전기차, 반도체, 철강 등 핵심 산업에 대한 고율 관세 부과를 본격화하며 미국발 통상전쟁의 새로운 국면을 열었다. 글로벌 투자자들은 리스크를 회피하고자 미국 자산에서 금·스위스 프랑·유로화 등 안전자산으로 자금을 이동시키고 있다. 미국발 불확실성은 이제 달러 자산의 매력 자체를 약화시키는 구조로 전이되고 있다.

연준이 트럼프의 압박에도 고금리 기조를 유지하는 이유는 물가 안정의 불확실성 탓이다. 관세의 여파가 얼마나 오래갈지, 얼마나 크게 미칠지에 대한 확신이 없는 상황에서 섣부른 움직임은 화를 부를 가능성이 크다. 하지만 트럼프와 시장은 경기 둔화에 대비해 선제적 금리 인하를 요구하고 있다. 이러한 정책 메시지와 시장 기대의 괴리는 금융시장의 혼선을 야기하고 달러 약세로 이어지는 악순환을 형성하고 있다.

러시아-우크라이나 전쟁 이후 세계 각국은 달러에 대한 구조적 의존을 줄이려는 시도를 본격화하고 있다. 중국, 인도, 사우디아라비아 등 주요국은 외환보유고 다변화와 비달러 결제 시스템 구축에 나서고 있다. 이는 달러의 글로벌 수요를 점진적으로 감소시키고 있다. 이러한 흐름은 단기 현상이 아니라 지정학과 경제 패권의 중심축이 달라지고 있다는 근본적 신호로 읽힌다.

달러 약세는 글로벌 시장의 통화 재편 흐름과 맞물리며 보다 폭넓은 영향을 미칠 전망이다. 미국 내에서는 수입물가 상승을 유발해 인플레이션 재자극 요인으로 작용할 수 있다. 반대로 신흥국에서는 통화 강세 및 자본 유입을 유도하지만 동시에 환율 불안정성을 높일 수도 있다. 원자재 시장은 달러 약세에도 이와 무관하게 리튬·희토류 같은 전략 자원을 중심으로 지정학적 수급 불균형으로 인한 가격 상승이 이어질 전망이다.

글로벌 기업들은 달러 약세에 따른 환위험 확대에 직면해 있다. 특히 수출 의존도가 높은 기업들의 실적은 환율 변동에 따라 극단적으로 달라지는 구조가 고착화되고 있다. 현재의 달러 인덱스 하락은 일시적 흐름을 넘어, 기축통화의 조건과 환경이 변화하고 있다는 구조적 증거로 해석할 수 있다. 통화 신뢰, 정책 일관성, 국제적 합의라는 달러 체제의 3대 축 중 하나라도 흔들릴 경우 달러는 더 이상 유일무이한 통화가 아닐 수 있다.

향후 달러의 방향성은 트럼프 행정부의 통화정책 기조, 연준의 대응 전략, 그리고 글로벌 자산 배분 흐름에 의해 결정될 것이다. 달러는 여전히 세계 경제의 중심에 있지만 분명히 균열이

US 달러 인덱스(DXY)

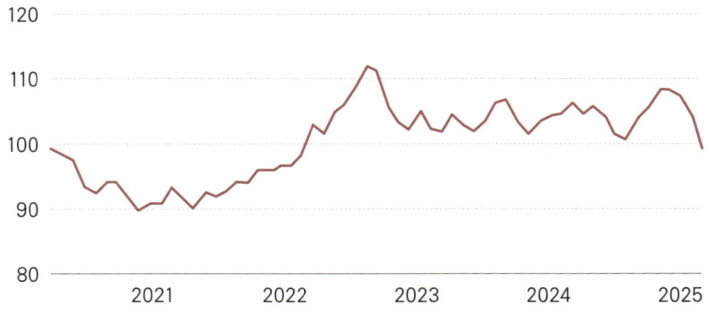

자료: 마켓워치

감지되고 있다. 우리는 지금 달러 패권의 균열이 시작되는 첫 페이지쯤에 위치하고 있을지도 모른다.

복합 리스크의 투자지도, 달라진 시장 & 달라져야 할 전략

2020~2021년은 전례 없는 초저금리와 풍부한 유동성으로 주식시장의 황금기라 불린다. 테슬라, 애플, 엔비디아와 같은 기술 중심의 고성장주는 유동성 파도에 올라타며 주가가 수배씩 상승했다. 나스닥 지수는 사상 최고치를 경신했다. 그러나 이런 상승세는 오래가지 않았다.

2022년, 미국 중앙은행의 금리 인상 기조가 본격화되면서 주식시장은 즉각 반응했다. 나스닥 지수는 2022년 한 해 동안 약 33% 하락했다. 이는 2008년 글로벌 금융위기 이후 최악의 성적표다. 고금리는 고평가된 성장주에 직접적인 하방 압력으로 작용했다. 단기간에 주가가 수십 배씩 올랐던 기업들은 날개 없는 추락을 거듭했다. 실적 변동성과 정책 불확실성이 겹치면서 시장의 변동성은 더욱 커졌다.

금리 상승기와 맞물려 기술주 중심의 지수 하락이 반복됐다. 금리가 동결되거나 인하에 대한 기대감이 엿보이면 반등을 거듭했다. 이러한 움직임은 금리가 시장의 방향성을 좌우하는 '금리 민감형 시장구조'가 정착되고 있음을 보여줬다.

그리고 2023년 말 혜성처럼 AI가 등장한다. 오픈AI가 주도한 생성형 AI 열풍은 모든 테크기업들의 꿈이자 희망이 됐다. AI와 연관성이 조금이라도 있으면 AI 테마기업이 됐다. 그 과정에서 엔비디아라는 슈퍼스타도 탄생했다. 이후 모든 기업들은 AI라는 달콤한 과실을 먹으며 성장동력을 확보했다. 엔비디아는 AI 수요 확대로 시가총액 2조 달러를 돌파했다. 마이크로소프트는 챗GPT와의 협력으로 사상 최고가를 경신했다. 미국 주식시장에 참여한 모든 이가 살짝 불안함을 안고 함박웃음을 지었다.

그리고 트럼프가 등장했다. 트럼프 1기 행정부는 경기를 부양했고 주가를 끌어올렸다. 많은 이들은 이를 회상하며 기대감을 표했다. 하지만 트럼프는 관세 폭탄으로 이에 화답했다. '해방의 날'을 선언하며 상호관세를 발표한 4월 2일 이후 미국 주식시장은 크게 휘청였다. 4월 3일과 4일, 이틀 동안 11.8% 하락했다. 이는 2020년 코로나19 팬데믹 이후 가장 큰 폭의 하락이었다. 이러한 미·중 간의 무역 갈등 심화는 투자자들의 불안을 증폭시켰고, 특히 기술주 중심의 나스닥 지수에 큰 타격을 줬다. 이러한 상황은 미국 경제에 대한 투자자들의 불확실성을 높이는 핵심 요인이 되고 있다.

채권시장도 주목받고 있다. 채권은 금리 변동에 가장 민감한 자산군이다. 금리 급등기인 2022~2023년 사이 미국 10년물 국채 수익률은 3.3%에서 5.2%까지 급등했다. 이는 곧 채권 가격의 급락으로 이어졌다. 오랜 기간 지속된 '저금리 환경'이 끝나자 기관투자자들은 기존 포트폴리오를 전면 재편성해야 했다.

하지만 금리가 일정 수준 이상에서 안정되면서 채권시장에는 새로운 기회가 열렸다. 고금리 환경에서 발행되는 신규 채권은 비교적 안정적인 수익을 제공하는 매력적인 투자 수단으로 재부상한 것이다. 특히 단기물·중기물 채권이나 채권형 ETF 등에 대한 관심이 급증했다. 주식시장의 부진 속에서 자금이 채권으로 이동하고 있음을 명확히 보여줬다.

그리고 트럼프 재집권 이후 채권시장의 변동성도 커지고 있다. 미 국채 수익률이 빠르게 오르락내리락하자 투자자들은 방향성을 잡지 못한 채 혼란스러운 시장을 지켜보고 있다. 가장 직접적인 원인은 도널드 트럼프 대통령의 통화정책 개입이다. 그는 재집권 직후부터 중앙은행인 연준을 공개적으로 비판하고 있다. 연준의 독립성에 대한 불신은 미국 국채에서 자금이 빠져나가는 주요 요인이 된다. 또한 전기차, 반도체, 철강 등 주요 산업에 대해 고율 관세 정책으로 인한 경제 불확실성은 투자를 축소하고 위험을 회피하려는 경향성을 강하게 한다. 이는 국채시장에도 그대로 전이돼 가격은 떨어지고 수익률은 올라가는 흐름을 만들어내고 있다. 또 '빚을 내서 투자하는' 헤지펀드들의 움직임도 예의주시해야 한다. 레버리지를 이용해 국채에 투자한 이들 투자자는 시장이 흔들리자 강제 청산(매도)에 나섰다. 이는 다시 국채 가격을 떨어뜨리고 수익률을 끌어올리는 악순환을 만들고 있다.

    오늘날의 금융시장에 대한 판단은 간단하지 않다. 우리는 금리, 환율, 주식, 채권, 산업정책, 지정학 리스크 등 다층적 요소가 동시에 작동하는 '복합 리스크 시대'에 진입했다. 과거에는 '저금리 + 저환율 + 풍부한 유동성'이라는 공식이 존재했지만, 지금은 그 공식을 다시 써야 할 시점이다. 거시경제 지표에 대한 이해력을 갖고 정책을 종합적으로 판단하면서 투자를 결정해야 한다. 이는 말처럼 쉬운 일이 아니다. 우리는 지금, 과거의 투자 문법이 더 이상 통하지 않는 시대로 접어들고 있다. 금리는 여전히 시장의 가장 강력한 변수이며, 산업정책은 특정 업종을 순식간에 부흥시키거나 침몰시킨다. 주식과 채권은 서로를 견제하면서 동시에 새로운 균형점을 찾아가고 있다. 자본은 과거

나스닥 종합지수

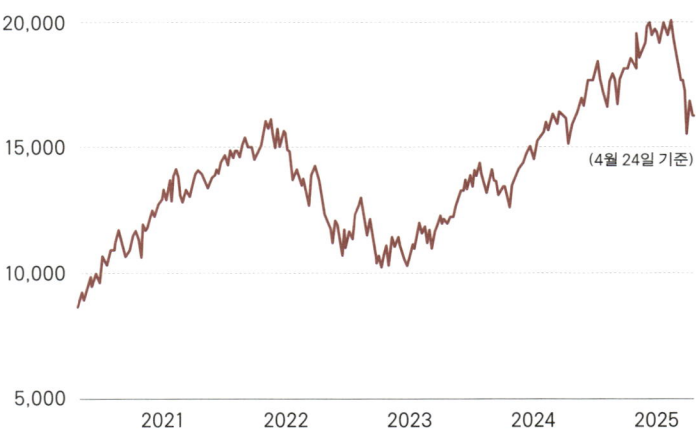

(4월 24일 기준)

2장 관세전쟁이 뒤흔드는 글로벌 경제 글로벌 경제 전망

보다 더 빠르고 예민하게 움직이고 있다. 투자는 더 이상 단순한 숫자의 게임이 아니다. 세계 질서의 흐름을 읽고, 정책의 숨결을 감지하며, 거시경제의 변화를 통합적으로 해석할 줄 아는 역량이야말로 새로운 패러다임에서의 생존법이자, 기회를 잡는 핵심 열쇠다.

글로벌 공급망의 재편과 리쇼어링 현상

다시 돌아오는 공장, 글로벌 제조업의 대이동

한때 글로벌 공급망은 효율성과 비용 절감의 상징이었다. 값싼 노동력과 풍부한 자원을 찾아 국경을 넘는 생산은 20세기 후반 '세계화'의 핵심 엔진으로 제조업의 지형을 근본적으로 바꿔놓았다. 그러나 코로나19 팬데믹, 미·중 전략 경쟁, 그리고 러시아-우크라이나 전쟁이라는 복합적 충격은 이를 완전히 깨트렸다.

팬데믹은 전 세계 물류 체계를 마비시켰고, 반도체와 마스크 같은 핵심 품목의 공급 부족은 '공급망=국가안보'라는 인식을 강화시켰다. 이어진 미·중 기술 갈등은 반도체, 배터리 등 전략 자산의 무기화를 현실화시켰다. 러시아-우크라이나 전쟁은 에너지·식량·금속 자원의 지정학적 중요성을 재확인시키는 계기가 됐다.

결과적으로 글로벌 공급망은 더 이상 '저비용과 속도'를 기준으로 설계되지 않는다. 이제 기업과 국가들은 단일 국가 의존에서 벗어나 공급망을 다변화하거나, 아예 생산을 자국으로 되돌리는 전략적 리쇼어링에 나서고 있다. 이는 단순한 경제적 재배치가 아닌, 산업정책과 안보 전략이 결합된 새로운 공급망 질서의 시작이다.

가장 적극적으로 공급망 재편에 나선 국가는 미국이다. 바이든 행정부는 '메이드 인 아메리카'를 전면에 내세우며, 자국 제조업 부활을 산업 전략의 최우선 순위로 설정했다. 인플레이션 감축법과 칩스법은 전기차, 배터리, 반도체 등의 핵심 산업에 대해 보조금과 세제 혜택을 부여하며 미국 내 생산을 강하게 유도하고 있다.

이러한 법안들은 단순한 유인책이 아니다. 일정 비율 이상의 미국산 부품 사용, 미국 내 생산시설 확보를 조건으로 삼는 조건부 지원 구조로 설계됐다. 이는 사실상 전략산업 생태계 전체의 현지화를 요구했다. 대만의 TSMC, 한국의 삼성전자와 현대차그룹은 애리조나, 조지아 등지에 대규모 공장 건설에 나섰다. 트럼프 2기 행정부 들어서는 이러한 흐름이 관세 회피 수단으로 전환돼 미국 내 생산에 대한 압박이 훨씬 강화됐다.

미국 내 제조업 투자는 팬데믹 이후 주춤했지만, 2022년 이후 급반등했다. 일자리 창출도 빠르게 회복 중이다. 제조업 회귀는 단순한 생산 회복을 넘어 기술력 확보, 지역균형 발전, 정치적 영향력 강화라는 다층적 전략의 결합이다.

유럽 역시 독자적 대응에 나서고 있다. 프랑스와 독일은 자국 산업의 전략화를 선언하며, 반도체·배터리·재생에너지 등 핵심 분야에 대해 수십억 유로 규모의 지원을 단행하고 있다. 유럽연합 차원에서도 '그린딜 산업정책'을 통해 에너지 자립과 공급망 다변화를 동시에 추구하고 있다. 독일은 특히 첨단 제조업의 유럽 내 재정착을 강력히 밀어붙이는 중이다.

리쇼어링의 흐름과 함께 주목할 점은 차이나+1 전략의 확산이다. 중국을 완전히 배제하지 않되, 과도한 의존에서 벗어나기 위한 대안 지역으로 베트남, 인도, 멕시코가 부상하고 있다.

삼성전자, 인텔, 애플 등은 이미 베트남에 대규모 생산기지를 확보했다. 인도는 애플의 아이폰 생산 비중을 25%까지 확대하며 글로벌 스마트폰 생산의 핵심축으로 부상했다. 다만 트럼프가 쏘아 올린 관세전쟁이 이러한 차이나+1 전략에도 상당 부분 영향을 미칠 것으로 우려된다.

공급망은 국가 전략과 기업 생존의 핵심축으로 재정의되고 있다. 전 세계는 지금 생산 거점을 새롭게 짜고 있다. 비용이 아닌 안보, 속도가 아닌 자립, 효율이 아닌 복원력을 우선시하는 새로운 제조업의 시대가 열리고 있다. 공장은 돌아오고 있다. 그 공장의 위치는 이제 국가의 미래를 좌우하는 전략 그 자체다.

한국 기업의 글로벌 재편 전략, '현지화'와 '다변화' 사이

2020년대 중반, 세계 무역 질서가 보호무역주의와 기술 패권 경쟁으로 급속히 재편하며 한국 기업들도 생존을 위한 전략적 전환에 나서고 있다. 삼성, LG, 현대차, SK 등 주요 대기업은 생산기지 다변화와 현지화 전략을 병행하며 공급망 리스크에 대응하고 있다.

특히 미국은 한국 기업들의 전략적 투자 거점으로 부상한 지 오래다. 2022년 8월 발효된 인플레이션감축법은 북미산 배터리와 전기차에 한해 세제 혜택을 제공하며 한국 배터리 기업들에게 미국 현지 생산을 사실상 강제하는 구조를 만들었다. LG에너지솔루션, 삼성SDI, SK온 등 배터리 3사는 북미 현지 공장 설립에 속도를 내고 있다.

현대차그룹 역시 인플레이션감축법의 직격탄을 피하기 위해 조지아주에 70억 달러 이상을 투입, 전기차와 배터리셀 공장을 동시에 착공했다. 2025년부터는 북미산 배터리를 탑재한 전기차 양산을 본격화할 예정이다. 현대차는 기아와 함께 미국 내 전기차 생산 체계를 조기에 정착시키는 데 주력하고 있다. 최근 발표한 210억 달러 추가 투자 계획은 북미 시장에 대한 확신을 보여준다.

미국 정부가 반도체를 국가안보 핵심 산업으로 규정하며 한국 반도체 기업들도 대응에 나섰다. 삼성전자는 텍사스주 테일러시에 약 170억 달러 규모의 파운드리 공장을 건설 중이다. 향후 추가 투자도 검토되고 있다. 이는 단순한 생산 거점이 아닌, 미국 공급망 안정화의 전략기지로 평가된다.

SK하이닉스는 미국 내 데이터센터 수요 증가에 대응하기 위해 R&D 및 패키징 중심의 현지화 전략을 모색 중이며, 애플·아마존·구글 등 빅테크와의 협업 확대가 예상된다. 다만 미국 정부는 보조금 조건으로 기술 공개, 대중 기술이전 제한 등을 요구하고 있어, 이에 대한 대응 전략 수립이 필수적이다.

베트남은 여전히 삼성전자의 글로벌 생산 거점으로, 하노이 인근 공장에서 전체 스마트폰 물량의 절반 이상을 생산 중이다. LG전자는 인도 남부에서 가전 공장을 확장하고 있고, 현대차는 인도 시장에서 점유율을 확대하며 현지 생산·판매 체계를 더욱 공고히 하고 있다.

2020~2024년 사이 한국 기업의 미국 투자 규모는 3배 이상 증가했으며, 베트남 누적 투자금도 100억 달러를 돌파했다. 이는 글로벌 시장에서 한국 기업의 물리적 존재감을 확대하는 동시에 지정학 리스크를 분산시키는 전략으로 평가된다.

그러나 이러한 생산기지 다변화 전략은 비용 부담과 구조적 제약이라는 이중의 도전에 직면하고 있다. 미국과 유럽은 높은 인건비와 복잡한 규제 구조로 인해 수익성 확보가 쉽지 않다. 개발도상국은 숙련 인력 부족, 인프라 불안정, 부품 수급 어려움 등의 문제가 병존한다. 실제로 미국 내 제조업 평균 임금은 한국의 2배 이상에 달하며, 고숙련 기술인력의 공급도 지역에 따라 부족하다. 부품 내재화율도 낮아, 공급망 병목으로 이어질 가능성이 상존한다.

이제 필요한 것은 단순한 해외 공장 설립이 아니라 '글로벌 현지화'와 '기술 중심 본국화'다. 생산을 외부로 돌리더라도 핵심 기술은 본국에서 통제하고 시장 접근성과 산업 보조금은 철저히 현지화하는 구조적 재편이야말로 한국 산업 생태계의 지속가능성을 좌우할 전략적 분기점이 될 것이다.

이제 한국 기업들은 단순히 생산 거점을 미국으로 이전하는 차원을 넘어, 글로벌 생산 네트워크 자체를 근본적으로 재구성해야 한다. 북미는 고부가가치 제품 생산과 소비시장 대응의 전진기지로 삼고 동남아는 노동집약형 부품의 안정적 공급처로 삼아야 한다. 또한 한국은 고도화된 기술 연구개발과 전략적 컨트롤타워의 역할을 맡는 방식으로 분업화가 이뤄져야 한다.

이는 단지 '디커플링 시대의 생존법'을 넘어, 글로벌 통상 질서의 구조적 변화에 대응하는 새로운 산업 전략이다. 과거 글로벌 공급망의 경쟁력은 무엇보다 '가격'에 의해 좌우됐다. 누가 더 저렴하게, 더 빠르게, 더 많이 생산할 수 있는가가 핵심이었다. 그러나 지금의 경쟁력은 전혀 다른 기준 위에 서 있다. 정치적으로 신뢰할 수 있는 파트너 국가에서, 전략적으로 유연하고 안정적으로 생산할 수 있는지가 기업의 공급망 설계에 결정적인 기준이 되고 있다.

　기업들은 공급망을 더 이상 단순한 비용 절감 수단으로 보지 않는다. 그것은 이제 기업 전략의 핵심 자산이다. 생산시설을 정치적 동맹국에 두는 것, 리스크 분산을 위한 다국적 구조의 채택, 현지화를 통해 규제와 보조금 혜택을 극대화하는 전략 모두가 이 새로운 판단 기준에서 출발한다.

　이에 발맞춰 세계 각국 정부는 제조업 유치를 놓고 치열한 '정책 전쟁'에 나서고 있다. 산업 보조금, 인프라 확충, 세제 혜택, 노동시장 유연화 등 다양한 수단이 총동원되고 있다. 이는 글로벌 무역구조를 근본적으로 뒤흔들고 있다. 과거의 자유무역주의와는 분명히 다른, 국경을 단위로 한 공급망 재편이 현실이 되고 있는 것이다.

　이 변화의 한가운데 대한민국이 있다. 반도체, 이차전지, 자동차 등 글로벌 가치사슬의 핵심 산업군을 보유한 한국은 더 이상 단순한 생산기지나 수출국에 머물 수 없다. 한국은 글로벌

국가별 주요 기업의 전략

지역	역할	주요 기업	전략
북미	고부가 제품 생산, 소비시장 대응	삼성전자, LG에너지솔루션, 현대차, SK	전기차·배터리·반도체 공장 현지화, 보조금 확보
동남아	노동집약형 생산기지	삼성전자, LG전자, 현대차	스마트폰·가전·부품 조립 중심, 비용 절감
한국	R&D 및 전략 컨트롤타워	전 산업	핵심 기술 내재화, 제조 생태계 유지

공급망의 설계자가 되어야 한다. 이를 위해 산업별 리스크 분산 전략 수립, 글로벌 생산 역할 분담의 정교한 조정, 그리고 기술 중심 제조 생태계 구축이라는 세 가지 과제가 절실하다. 이 과제는 기업만의 몫이 아니라 정부와 민간이 함께 풀어나가야 할 전략적 국가과제다.

＃ TARIFF WAR

3장

관세전쟁에서
한국이 살아남는 법

한국의 현황 분석과 대응 전략

한국의 대미·대중
수출 현황과 리스크

미국이 한국을 겨냥할 가능성이 있는 산업군

무관세에서 25% 관세로, 가격 경쟁력 잃은 한국산

우리나라는 그동안 미국과 맺은 한미 FTA에 따라 미국에 관세 부담 없이 수출할 수 있었다. 그러나 이번 트럼프 2기 행정부의 관세정책에 따라 앞으로 관세 부담을 지게 됐다. 트럼프 2기 행정부는 4월 5일부터 미국에 수입되는 모든 수입품에 보편관세 10%를 부과한 데 이어, 9일부터는 우리나라를 비롯한 57개국에 상호관세를 추가로 부과한다고 밝혔다. 상호관세를 부과하기까지 90일의 유예기간을 뒀지만, 그사이 유의미한 협상을 이끌어내지 못한다면 미국에 수출하는 한국산 품목에 관세 25%가 부과된다.

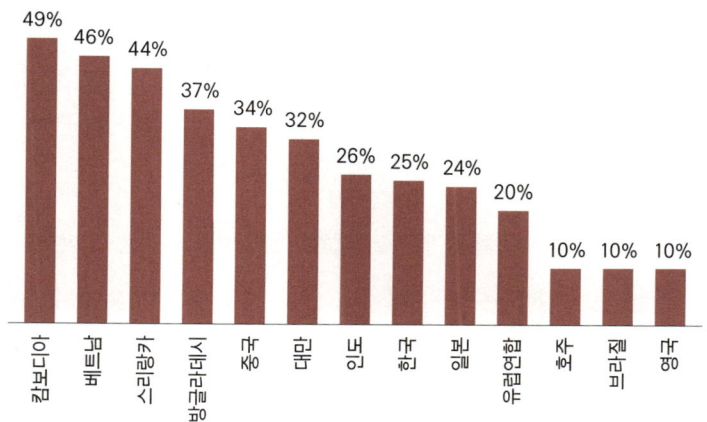

미국에서 발표한 국가별 상호관세율

자료: 《아시아경제》

우리에게 매겨진 25% 관세는 베트남(46%)과 대만(32%), 인도(26%)보다 낮지만 일본(24%), 유럽연합(20%), 호주(10%) 등보다는 높은 수준이다. 앞으로 우리 기업이 미국에 수출할 때 대부분이 무관세였던 것에서 25% 세율이 추가되는 만큼 우리 기업들의 수출품이 미국에서 가격 경쟁력을 잃게 됐다.

이는 우리 산업과 경제에 큰 타격을 미칠 것으로 우려된다. 수출국가인 우리나라에 미국은 매우 중요한 시장이다. 미국은 중국에 이어 두 번째로 많이 수출하는 국가인 데다, 매년 수출 규모도 성장하고 있다는 점에서다. 대미 수출은 2017년부터 8년 연속 플러스 성장세를 이어간 끝에 2024년에는 역대 최고치를 기록했다. 산업통상자원부에 따르면 2024년 수출은 전년 대비 10.4% 증가한 1278억 달러로 집계됐다. 대미 수출은 점차 1위 수출 대상국인 중국과 격차를 좁히며 성장하던 중이었다. 그런 만큼 대미 수출 저하는 우리 기업들의 적자로 이어질 수 있다.

최대 수출품 자동차에 '빨간불', 철강·알루미늄 타격은 '도미노'

트럼프는 일부 품목에 대해서는 개별 관세를 부과했다. 상호관세 25%는 90일 유예를 뒀지만 3월에는 철강·알루미늄에, 4월에는 자동차에 각각 관세 25%를 부과한 상태다. 이들 품목은 대미 수출에서 큰 비중을 차지하는 만큼 우리 기업들이 당장에 타격을 입을 것으로 예상된다.

가장 우려되는 산업은 단연 대미 수출 1위 품목 자동차다. 미 자동차 수출액은 2024년 기준 우리 기업의 전체 자동차 수출액(708억 달러)의 49%에 달하는 347억 달러를 차지할 정도다. 자동차 부품 수출액도 71억 달러에 달한다. 이처럼 우리 자동차 산업의 중요 시장인 미국 시장에 관세가 매겨지면, 미국에서 팔리는 우리 자동차 가격이 오르면서 판매량 저하로 이어질 수 있다.

철강과 알루미늄도 관세 부과로 인해 휘청일 수 있다. 우리 철강 산업은 2024년 미국에 29억 달러를 수출했다. 미국 철강 시장에서 차지하는 비중으로 캐나다와 멕시코, 브라질에 이어 4위다. 미국에서 알루미늄 산업은 캐나다가 압도하고 있지만

대미 수출 10대 품목

(단위: 억 달러, 전년 대비 %)

순위	HS 4단위	품목명	2020 금액	2020 증감률	2021 금액	2021 증감률	2022 금액	2022 증감률	2023 금액	2023 증감률	2024 금액	2024 증감률
1	8703	자동차	157	0.1	171	8.9	222	29.7	322	44.6	347	7.9
2	8473	컴퓨터 부품·부속품	57	37.7	72	24.8	65	-8.7	38	-41.9	82	116.8
3	8708	차량용 부품·부속품	47	-11.3	59	25.0	70	17.8	70	0.0	71	1.2
4	8523	비휘발성 기억장치	41	156.1	51	25.1	58	12.8	16	-71.9	54	236.0
5	2710	석유제품	23	-46.4	47	104.1	62	30.3	57	-8.5	51	-9.6
6	8507	배터리	12	30.4	27	123.9	41	50.0	48	16.7	39	-19.2
7	8479	기타 기계류	6	20.5	5	-4.9	9	72.2	19	100.6	26	39.2
8	8418	냉장고	17	29.0	25	50.4	20	-19.6	22	6.7	19	-14.1
9	8504	변압기	4	27.6	5	22.0	8	47.9	14	81.9	18	31.0
10	8542	전자집적회로	12	-4.4	14	17.9	13	-9.3	7	-44.1	16	129.5
		전 품목	741	1.1	959	29.4	1,098	14.5	1,157	5.4	1,278	10.4

자료: 한국무역협회

우리 기업 역시 아랍에미리트(UAE)에 이어 3위에 달할 정도다. 이런 상황에서 관세가 매겨지면 가격 경쟁력을 잃고 수출 실적 저하로 이어질 수 있다. 게다가 철강과 알루미늄은 자동차를 비롯해 가전제품과 반도체 등 다른 수출 품목에 쓰이는 만큼 관세 부과로 인한 타격이 도미노처럼 확대될 수 있다.

우리 수출의 최대 품목인 반도체는 품목별 관세 대상에서 제외되면서 우선 한숨 돌린 상태다. 그러나 트럼프 대통령이 향후 반도체와 전자제품 등 공급망 전체를 들여다볼 것을 예고하면서, 관세 예외 품목이 아닌 다른 범주의 관세가 매겨질 것이란 관측이 우세하다. 게다가 반도체 관련 장비도 관세 충격을 피할 수 없을 것으로 예상되면서, 우리 기업의 가격 경쟁력에 악영향이 있을 것으로 우려된다.

이 밖에 석유화학 분야는 관세 영향이 다른 업종에 비해 제한적일 것으로 예상된다. 전체 수출 물량 중 미국 시장이 차지하는 비중은 중국(36.9%)에 이어 두 번째로 크지만, 8.9% 수준으로 높지 않은 편이기 때문이다. 그러나 교역 환경이 위축되고 유가 하락 등 불확실성이 존재하는 만큼 간접적인 영향이 더해져 타격을 입을 수 있다.

중간재 수출 많은 우리 기업, 우회수출 타격까지

미국의 관세정책에 중국이 가장 큰 타격을 입을 것으로 예상되지만, 우리나라가 더 큰 타격을 입을 수 있다는 관측도 나온다. 한국의 대미 수출 의존도가 18.7%로 중국(14.7%)보다 크다는 점에서다. 물론 멕시코와 베트남, 캐나다 등 20%대에 달하는 국가보다는 낮은 편이지만, 직접적인 대미 수출과 제3국을 통해 미국에 들어가는 국산 상품까지 더하면 겉으로 보이는 것보다 타격이 더 클 수 있다는 설명이다. 현대경제연구원은 〈대미 수출 구조 변화와 시사점〉에서 트럼프 관세정책으로 영향을

한국의 대미 수출 규모와 수출·GDP 대비 비중

구분	규모	수출 대비 비중	GDP 대비 비중
총수출(통관 기준)	1,278억 달러	18.7%	6.8%
우회수출(부가가치 기준)	440억 달러	10.9%	2.5%

자료: 현대경제연구원

받을 우리나라 수출 규모는 직접수출과 우회수출을 포함하면 GDP의 9.4%에 이른다고 분석했다.

우리나라 대미 직접수출은 2021년 959억 달러에서 2024년 1278억 달러로 연평균 10.0% 증가했다. 특히 5대 수출 품목인 자동차와 반도체, 자동차 부품, 컴퓨터, 석유 제품의 수출액이 같은 기간 433억 달러에서 645억 달러로 늘어났다. 게다가 중간재 수출이 많은 우리나라 수출 구조 특성상 우회수출까지 더하면 피해는 예상보다 커질 수 있다고 설명했다. 우회수출이란 경유국을 통해 최종소비국인 미국에 수출하게 되는 경우를 말한다.

가령 우리 기업의 진출이 활발한 베트남 등 동남아 대부분 국가에 높은 상호관세율이 매겨진 것을 들 수 있다. 삼성전자를 필두로 많은 제조업 투자가 중국에서 동남아 등으로 확대되는 상황인데, 이들 지역에서 조립돼 생산되는 제품이 미국으로 수출될 수 있도록 공급망이 갖춰지면 관세 영향이 커질 것으로 예상된다.

한국 반도체·자동차·배터리 산업의 위기와 기회

한시름 놓은 줄 알았던 반도체, '불확실성' 여전

관세가 매겨지면 관세 부담 없이 자유롭게 미국과 교역하던 우리나라 기업들은 가격 경쟁력을 잃고 판매 저하를 겪을 수밖에 없다. 그러나 관세는 한국산 제품에만 매겨지는 게 아닌 만큼 그 속에서 기회를 찾을 수도 있다. 산업군별로 위기와 기회가 공존할 것으로 예상된다.

그중에 가장 주목되는 품목은 우리 수출에서 가장 큰 비중을 차지하는 반도체다. 반도체는 4월 초 품목별 관세 대상에서 제외되면서 자동차 등 다른 산업군보다 상황이 조금 나은 편이지만, 향후 관세가 부과될 여지가 남아 있는 만큼 불확실성이 남아 있는 상태다. 반도체는 우리 수출 최대 품목이지만, 미국으로 수출하는 비중이 적은 편이라 피해는 다른 산업군 대비 크지 않을 것이란 관측에 무게가 실린다.

최근 AI 시장 확대로 미국의 반도체 수요가 증가하고 있어 우리 반도체 기업에 기회가 될지 기대를 모았다. 그러나 이번 관세전쟁 여파로 수출에 타격을 입을 것이란 전망이 우세하다. 반도체는 1997년 WTO의 정보기술협정(ITA)에 따라 회원국 사이 무관세를 적용받고 있는 상황이다 보니 최소 25% 관세가 부과된다면 수출 비중이 적더라도 영향을 받을 수밖에 없다. 게다가 관세 부과에 따른 직접적인 피해가 크지 않더라도 반도체는 조립과 가공 등을 위해 대만 등 고율의 관세가 매겨진 국가를 거친 뒤 미국에 수출되는 경우가 많기 때문이다. 글로벌 반도체 산업의 불확실성이 커진 점도 우리 기업들에 리스크로 작용할 수 있다.

반면 한국산 반도체의 대체재가 없다는 점에서 기회가 될 수 있다는 관측도 있다. 범용 메모리는 한국과 중국 시장이 많은 부분을 차지하다 보니, 한국 반도체에 매겨진 관세가 오히려 미국 기업에 원가 부담으로 다가갈 수 있다는 설명이다. 이에 따라 트럼프가 반도체 관세를 일종의 협상 카드로 활용하는 등 실제로 관세를 부과하지 않을 가능성도 제기된다. 예상대로 반도체에 관세가 부과되더라도 반도체 주요 생산국인 우리나라는 물론 대만과 중국, 동남아 등이 똑같이 적용받는 만큼 우리만 크게 불리하진 않을 것이란 관측도 있다.

자동차, 최종 관세율 50%까지 커지나

자동차에 25% 관세율이 매겨지면, 그동안 한미 FTA에 따라 무관세로 미국에 자동차를 수출하며 실적을 올렸던 우리 자동차 기업이 직격탄을 맞을 것으로 예상된다. 최근 우리 자동차 수출은 전기차 캐즘(Chasm, 일시적 수요 정체) 등의 영향으로 주춤한 것으로 나타났다.

산업통상자원부에 따르면 3월 대미 자동차 수출액은 관세가 매겨지기 전이지만 이미 1년 전보다 10% 넘게 감소했다. 이런 상황에서 25%의 품목 관세까지 부과되면 대미 자동차 수출액이 급감할 수 있다. 업계에서는 한국산 자동차에 부과되는 관세는 사실상 50%에 달할 것을 보고 있다. 자동차 생산 과정은 철강과 알루미늄 등 원자재에 관련 부품인 중간재를 더해 완성차로 탄생하는 3단계 공급망을 거치게 된다. 그렇다 보니 자동차 수출 기업은 완성차 자체에 부과되는 관세는 물론 공급망을 거치는 과정에서 추가 관세 부담을 안게 될 수 있기 때문이다. 완성차 업체 원가에서 철강 제품의 비중만 10%에 달하는데, 철강에 25% 관세가 이미 부과된 상태다.

이를 극복하기 위해 우리 기업들이 미국 현지 생산 역량을 끌어올리고 있지만, 단기적으로 관세 타격이 불가피할 전망이다. 나이스신용평가(나신평)는 '2025 크레딧 세미나'에서 현대차그룹의 경우 2024년 미국에서 판매한 자동차 170만 대 중 미국 공장에서 생산된 물량은 69만 대로 약 40%에 불과하다고 설명했다. 즉 60%에 달하는 101만 대가 관세 부과 위험에 노출된 상황이다. 미 현지 공장 증설 등 약 210억 달러 규모의 투자 계획을 발표했지만, 중단기적으로 관세 영향을 받을 수밖에 없는 데다 투자에 따른 재무 부담 등으로 영업실적은 저하될 것으로 예상된다.

다만 관세를 피하기 위해 미국산 부품으로 모두 갈아탈 것인지에 대해서는 의문이 제기된다. 미국 내 판매 차량의 약 50%가 수입산이며, 미국산 자동차에 들어가는 부품도 꽤 수입품으

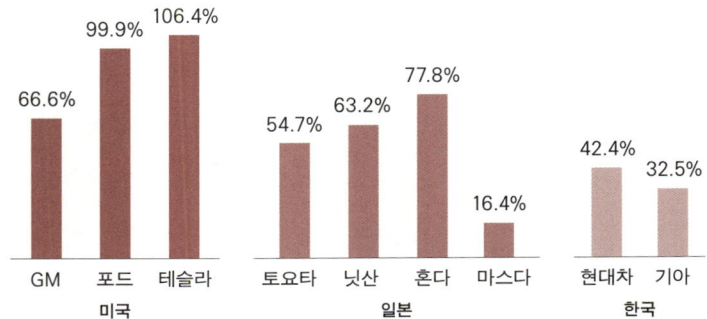

한·미·일 3국의 미국 내 생산 비중

* 2024년 11월 기준.
자료: 《아주경제》, 삼성증권

로 대체된 상황이다. 관세가 부과되면 자국 기업의 부품 가격 경쟁력이 높아지는 만큼 많은 기업들이 미국산 부품으로 대체를 검토할 수 있다. 하지만 자동차는 무엇보다 안전성과 내구도도 중요한 만큼 기업들이 단박에 소재와 부품 거래선을 변경하기는 쉽지 않을 것이란 설명이다.

중국산 제친 K-배터리, 희토류 제한에는 '움찔'

미국에 중국산 배터리 공급이 막히면 에너지저장장치(ESS) 배터리를 공급할 수 있는 곳은 한국이 될 것이란 관측이 나온다. 현재 중국은 미국에서 수입하는 전기차용 배터리 1위 국가다.

업계 등에 따르면 2024년 북미 ESS 배터리 시장의 중국 점유율은 90%에 달한다. 2024년 북미 ESS 배터리 수요의 68%를 CATL, BYD 등 중국 업체가 차지하고 있다. 이런 상황에서 중국 배터리에 높은 관세가 부과되면 미국에 생산 거점을 이미 구축한 한국 업체들에 기회가 생길 것이란 관측이 나온다. 실제로 LG에너지솔루션과 SK온, 삼성SDI 등 배터리 3사가 미국 현지에서 ESS 생산을 늘리는 방안을 검토 중이다. 이차전지도 마찬가지다. 소재부터 셀 제조까지 모든 과정을 수직계열화하면서 가격 경쟁력을 갖춘 중국을 쫓아가는 것은 쉽지 않지만, 중국 배터리에 170%에 이르는 관세가 부과되면 국내 업체도 경쟁해볼 만하다는 설명이다.

반면 전기차 시장이 전기차 캐즘 여파에 트럼프 관세까지 겹치면서 위축되면서, 전기차에 들어가는 배터리 수요도 줄어들 것으로 전망된다.

아울러 중국이 미 관세 폭탄에 맞서 희토류 수출을 제한하는 등 '자원 무기화'를 본격화하는 것이 위기로 작용할 수 있다. 국내 배터리 업계는 중국산 핵심 광물 의존도가 높기 때문이다. 한국무역협회에 따르면 2024년 상반기 우리나라 희토류 수입 중 82.5%가 중국산이었다. 인조흑연(97.9%), 천연흑연(87.0%), 수산화리튬(83.4%) 등도 중국에 의존하고 있다.

중국과 관계 변화가 미칠 영향

미·중 무역전쟁에 한국산이 중국산 대체할까

미국이 유독 중국에 145%에 달하는 높은 관세를 부과하면서, 미국 시장에서 중국산 가격 경쟁력이 저하될 위기에 처했다. 그러자 중국도 미국에 125% 관세로 맞대응하면서 양국 간의 관세전쟁이 점차 격화되는 모양새다. 양국의 관세 부과가 점차 확대되면서 치킨게임 양상으로 확대될 것으로 우려된다. 이를 두고 중국보다 낮은 관세율이 부과된 우리나라가 상대적으로 경쟁력을 얻게 되는 것 아니냐는 관측도 나온다.

미국이 대중국 무역 제재를 본격화한 2015년부터 미국에 진출한 우리 기업들이 급속도로 늘어났다. 트럼프 1기 행정부의 보호무역 강화 정책과 바이든 행정부의 인플레이션감축법 등 보조금 중심의 투자유인 정책에 따라 우리 기업들의 미국 현지 진출이 활발해진 결과다.

산업통상자원부에 따르면 미국에 진출한 우리 기업은 누적 기준 2014년 1만 1101개에서 2023년 1만 5876개로 증가했다. 미국에 진출한 우리 기업들이 생산에 필요한 중간재와 자본재 등을 한국 내 기업에 의존하다 보니, 이는 우리나라의 대미 직접수출을 늘리는 요인으로 작용해왔다. 미국에 진출한 우리 기업들이 운영에 필요한 제품의 국내 조달 비율은 59%로, 미국 주요 진출국 중에서 가장 높은 수준이다.

미·중 관세전쟁 일지 (4월 10일 기준)

■ 미국　■ 중국

- **2월 4일** — 기존 관세(평균 약 25%)에 추가 10% 발효 (모든 중국 수입품)
- **2월 10일** — 미국산 석탄·액화천연가스 추가 관세 15% 및 원유·농기계·대배기량 자동차·픽업트럭 추가 관세 10% 발효
- **3월 4일** — 추가 관세 10% 신규 부과해 총 20% 발효 (모든 중국 수입품)
- **3월 10일** — 농축산물 추가 관세 10~15% 발효
- **4월 2일** — 34% 부과 상호관세 발표
- **4월 4일** — 추가 34% 맞불 관세 부과 발표 (모든 미국 수입품, 10일 발효)
- **4월 5일** — 상호관세 10% (기본관세) 발표 (모든 중국 수입품)
- **4월 7일** — 상호관세 34%에 50% 추가 부과 경고
- **4월 9일** — 상호관세 10% → 84% (개별 관세) 발효 (모든 중국 수입품) **총 104%**
- **4월 9일** — 맞불 관세 34% → 84%로 인상 발표
- **4월 10일** — 상호관세 21% 즉시 인상 (중국 제외 상호관세(개별 관세) 90일간 유예) **총 125%**
- **4월 10일** — 맞불 관세 84% 발효

자료: 연합뉴스

3장 관세전쟁에서 한국이 살아남는 법 한국의 현황 분석과 대응 전략

이에 따라 미·중 관세전쟁이 우리 자동차와 배터리 등 부품 업계에 기회가 될 수 있다는 전망도 있다. 2024년 기준 미국의 대중국 수입액이 4300억 달러에 달하는 상황에서 중국에 고율의 관세가 부과되면, 미국 시장의 중국 제품들이 한국을 포함한 다른 국가 제품들로 대체될 수 있기 때문이다.

아울러 조선업도 반사이익을 얻을 산업군으로 주목된다. 현재 국제 조선업 현황은 중국 상선이 전체의 과반을 차지할 정도로 압도적이다. 반면 미국의 건조 비중은 0.1%에 불과하다. 미국은 중국의 압도적인 조선업 비중이 향후 안보 위험으로 이어질 것을 우려하고 있다. 중국 조선사가 정부 소유 기업을 주도로 재편됐다는 점도 안보 위험의 핵심 요인으로 작용하고 있다. 이에 미국은 단기적으로 동맹국의 생산시설을 활용하는 방안을 검토할 수 있다. 이 경우 조선 발주 수혜가 한국과 일본 등으로 전가될 수 있다.

대중 수출 감소에 한국 중간재 수출도 타격

그러나 전문가들은 이 같은 반사이익보다 중국에서 겪게 될 간접적인 타격이 더 클 것으로 보고 있다. 미국의 관세 부과로 중국의 대미 수출액은 크게 줄어들 수밖에 없다. 문제는 중국이 우리의 최대 수출국이란 지점에 있다. 중국의 대미 수출이 감소하면 중국의 완제품 생산에 필요한 한국의 중간재 수요도 줄어들 수밖에 없다.

한국무역협회에 따르면 2023년 기준 한국의 대중 수출의 85.9%가 중간재다. 무엇보다 우리 수출 최대 품목인 반도체에서 우려가 제기된다. 중국은 생산업체에서 우리의 중간재 등을 조립해 완제품으로 미국에 수출한다. 중국 수입품에 고율의 관세가 부과되면서 미국 내 중국산 수요가 감소한다면, 중간재를 중국에 수출하는 우리 산업에도 타격이 불가피하게 된다.

미·중 관세전쟁으로 한국 경제가 겪는 타격은 대미 수출보다 대중 수출에서 2배 넘게 날 수 있다는 전망도 있다. 국회예산정책처가 발표한 〈2025년 NABO 경제전망〉 내 '미국의 관세정책이 우리 수출에 미치는 영향'에 따르면, 미국의 관세정책으로 한국의 대미 수출은 5.9%, 대중 수출은 10.5% 감소할 것으

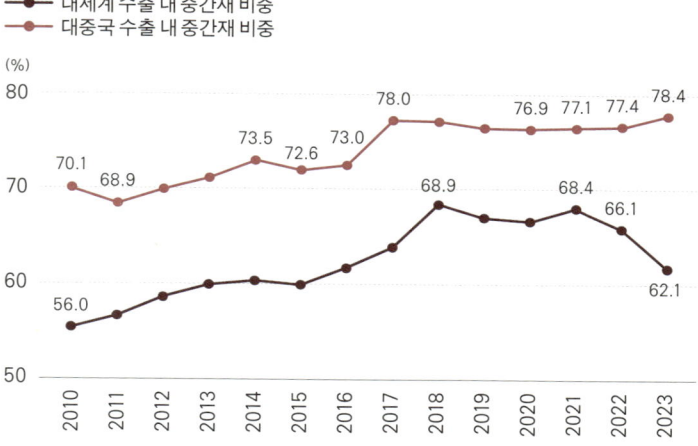

한국의 글로벌 수출과 중국에서의 수출에서 중간재가 차지하는 비중

자료: 한국무역협회

로 추정된다. 보고서는 한국이 미 관세로 인해 수출 감소를 겪는 것보다 중국의 대미 수출 감소로 인한 간접적인 충격 여파가 클 것으로 봤다. 미국의 대중 관세 부과로 중국의 대미 수출이 13.1% 감소하면서 한국이 중국에 수출하는 규모가 5.9% 감소하는 데다 불확실성 요인이 더해져 총 10.5% 감소할 것으로 추산했다.

우회수출하는 중국에 미국의 선택 강요, '중국이냐 미국이냐'

미국의 관세 부과에 중국은 다른 나라를 거쳐 수출하는 방식으로 부담을 회피하는 '우회수출'을 시도할 수 있다. 이에 미국은 나아가 중국이 우회수출을 하지 못하도록 국제사회를 압박할 가능성이 제기된다. 외신 등에 따르면 트럼프 대통령이 앞으로 70여 개국과 관세 협상을 통해 중국과 거래를 제한하도록 압력을 가할 것이란 전망이 나왔다. 중국이 미 관세를 피하기 위해 제3국을 배송 우회로로 삼지 못하도록 관세 협상 테이블에서 요구할 것이란 설명이다. 앞서 스콧 베선트 미 재무장관은 3월 중국산 수입을 막기 위해 멕시코와 캐나다가 대중국 관세를 높이고 미국의 관세를 경감받는 방안을 거론한 바 있다. 이를 협상 테이블에 앉을 70여 개국으로 확대할 것으로 예상된다. 실제로 트럼프는 폭스뉴스 인터뷰에서 "각국이 미국과 중국 중 하나를 선택하게 하는 방안을 검토할 것"이라고 말한 바 있다.

시진핑 중국 주석은 미·중 관세전쟁이 격화되자 주변국과 관계를 재정비하는 모양새다. 특히 베트남과 말레이시아, 캄보디아 등 동남아 3개국을 순방했는데, 이는 반미 연대를 구축하려는 취지로 읽힌다.

그러나 이들 국가가 중국의 편에서 미국에 맞서는 선택을 하기는 쉽지 않을 전망이다. 베트남은 중국의 우회수출국이란 오명을 쓰고 46%의 상호관세가 부과된 만큼 중국의 우회수출국을 거부할 가능성이 크다. 캄보디아도 중국 기업이 많이 진출해 있다는 점에서 중국산 상품의 대미 우회수출경로로 여겨지며 49%의 관세가 부과됐다. 중국은 우리나라도 우군으로 확보하기 위한 행보를 보이고 있다. 최근 한국 국적의 가수 '호미들'이 중국의 '한한령' 조치 이래 8년 만에 중국 무대에 설 수 있던 것도 그 일환이라는 분석이다. 시 주석은 2월 한중 문화 교류의 중요성을 언급하며 "문제가 불거지는 일은 피해야 한다"며 한한령 완화를 시사한 바 있다.

이런 상황에서 우리 정부도 미국과 협상 테이블에서 중국 고립에 동참할 것을 강요받을 수 있다. 산업통상자원부에 따르면 2024년 한국에 대한 중국의 직접투자는 총 810건으로 2020년(396건) 대비 100% 넘게 증가했다. 투자액도 57억 8600만 달러로 같은 기간 266.1% 늘었다. 상당수가 반도체와 배터리, 태양광 등 첨단산업 분야인데, 미국이 이를 우회수출로 보고 지적할 수 있다.

자동차·반도체·철강 등
주요 산업에 미치는 영향

자동차: 미국산 부품 사용 압박과 수출 감소 우려

자동차에 부품까지 관세 눈덩이

　미국에 수출하는 자동차에 25% 관세가 4월 3일부터 부과됐다. 대상은 세단과 SUV, 크로스오버, 미니밴, 카고밴, 경량트럭 등 17개 품목이다. 문제는 자동차에 들어가는 부품에도 25% 관세가 5월 3일부터 부과된다는 점이다. 관세가 부과되는 자동차 부품은 엔진과 변속기, 파워트레인, 전기전자 등 332개 품목이다. 향후 관세가 부과되는 자동차 부품이 더 늘어날 수 있다. 명확한 요인 없이도 수입이 늘어났다는 사실만으로 미국 내 생산자나 산업단체에서 관세 대상을 확대해줄 것을 요청할 수 있기 때문이다.

이처럼 자동차는 물론 그 부품까지 관세가 매겨지면서 미국 시장 의존도가 높은 우리 자동차 기업에 미치는 영향은 커질 것으로 우려된다. 한국산 자동차에는 한미 FTA 협정으로 관세가 붙지 않았던 만큼 미국 자동차 시장 내에서 가격 경쟁력을 갖출 수 있었다. 한국산 자동차 부품 수입가격 비율은 미국의 평균 수입가격의 0.8% 수준으로, 다른 국가보다 낮은 가격에 자동차를 팔 수 있었다. 그렇게 가격 경쟁력을 갖춘 덕분에, 2024년 자동차 수출액의 49.1%를 미국에서 거둘 수 있었다.

대미 수출 1위 자동차 수출 감소 전망

무관세였던 자동차 품목에 관세가 부과되면서 대미 수출 1위 품목인 자동차 수출에 큰 타격이 예상된다. 2024년 한국의 대미 수출은 1277억 6137만 달러였다. 이 중 자동차 수출이 347억 4432만 달러, 자동차 부품이 82억 1964만 달러로, 두 품목이 대미 수출에서 차지하는 비중이 33.6%에 달한다. 대미 수출의 3분의 1에 달하는 자동차 업계에 관세가 부과되면서 우리 수출에 빨간불이 켜졌다. IBK기업은행 경제연구소는 우리 자동차 기업의 미 수출은 25% 관세가 부과된 뒤 약 63억 5778만 달러 감소할 것으로 내다봤다. 완성차 업계의 영업이익도 총 10조 원 안팎으로 줄어들 것으로 추산했다.

KB증권은 25% 관세가 부과되면 미국에 수출하는 한국산 자동차에 1225만 원가량의 관세가 책정될 것으로 전망했다. 이

중 40%는 미국 소비자가, 60%는 현대차와 기아가 부담할 것으로 추정했다. 그 결과 현지 가격이 오르면서 현대차와 기아의 미국에서 판매 대수는 2024년 대비 6.3% 줄어들 것으로 봤다.

판매가 인상보다 현지 생산으로 비용 절감을

우리 자동차 기업들은 판매 가격을 즉시 인상하기보다 비용을 절감하려는 것으로 보인다. 미국에 공장 등 생산시설을 지어 관세 영향을 받지 않는 현지 생산 비중을 늘리겠다는 전략을 추진 중이다. 실제로 현대차 미국법인은 공식 자료를 통해 두 달간 가격을 동결하겠다고 밝혔다. 대신 정의선 현대차그룹 회장은 백악관에서 4년간 미국에 210억 달러를 투자한다고 발표했다. 이 중 86억 달러를 자동차 생산을 위해 투자한다. 3월 26일 조지아주 서배너에 준공한 '현대차그룹 메타플랜트 아메리카(HMGMA)'의 생산 규모를 당초 구상한 30만 대에서 50만 대로 늘리는 등 2024년 기준 연 70만 대에 달한 미국 내 생산 역량을 향후 120만 대까지 늘린다는 계획이다. 아울러 현대차는 물류·철강에 61억 달러를 투자한다고 밝혔다. 루이지애나주에 차량용 철강을 생산할 제철소도 지어 원자재 관세 여파도 피하겠다는 구상이다.

기아차 미국법인 기아아메리카도 미국 현지 생산에 집중한다는 입장을 밝혔다. 기아차는 2월 미국 시장에서 1년 전보다 7.2% 많은 6만 3303대를 판매하는 등 동월 기준 역대 최대 판

2024년 기준 글로벌 완성차 업체의 미국 현지 생산량 및 판매 비중

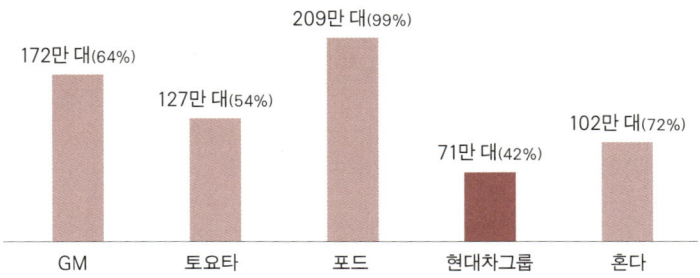

자료: 대신증권 등 자료 인용한 《한국경제》

매 실적을 올렸다. 이 같은 성장세를 이어가려면 미 생산 현지화가 필수라고 본 것이다. 전기차 생산 일부도 미국으로 옮길 방침이라고 밝혔다.

그러나 비용 절감 전략을 장기화하기는 쉽지 않을 전망이다. 현대차그룹은 현지 투자로 정면 돌파한다는 전략이지만, 생산 시설을 충분히 갖추고 가동하기까지 시간이 걸릴 수밖에 없다. 애초에 투자 계획도 4년의 기한을 둔 데다, 캐파(생산능력) 확대나 제철소 건립 등 모두 단기간에 이뤄질 수 없기 때문이다. 이미 준공한 조지아주 '현대차그룹 메타플랜트 아메리카'의 생산량은 연 30만 대 규모이지만 2월 출고량은 4073대에 불과했다. 일각에서는 한국 내 생산 기반이 미 현지 생산량 확대만큼 약화될 수 있다는 지적도 나온다. 즉 일정 기간 가격을 동결하더라도 중장기적으론 결국 관세 부과로 인한 가격 인상은 불가피하다는 설명이다.

미 부품 사용 압박에 자동차 부품 수출도 '주춤'

그나마 이 같은 전략도 규모가 작은 한국GM이나 자동차 부품 업체 등에는 대안이 되지 못한다. 한국GM은 미 현지에 트레일블레이저와 트랙스 등 가성비 모델을 내세웠던 만큼, 관세로 가격이 오르면 판매량에 타격을 입을 수 있다. 과거 군산공장처럼 추가 구조조정을 추진하거나 장기적으로는 철수할 가능성까지 거론된다. 자동차 부품업계도 난관이 예상된다. 자동차 부품에도 관세가 부과되면서 앞으로 우리 자동차 부품 판매도 크게 줄어들 전망이다. 미국에서 한국산 자동차 부품은 한미 FTA에 따라 미국의 평균 수입가격의 0.8% 수준으로 낮은 편이었는데, 앞으로 관세를 피하려는 기업들이 미국산 부품으로 갈아탈 수 있다.

반도체: 미·중 갈등 속 한국 기업의 생존 전략

수출 최대 품목 반도체, 수출 감소 본격화

트럼프 대통령이 품목 관세 대상에서 반도체를 우선 제외하면서 한숨 돌리는가 싶었지만, 반도체에도 최소 25%의 품목별 개별 관세가 붙을 것이란 전망이 우세하다. 트럼프는 자신의 소셜미디어에 "우리는 다가오는 국가안보 관세 조사에서 반도체와 전자제품 공급망 전체를 들여다볼 것"이라고 올리며, 반도체는 '관세 예외' 대상이 아닌 '다른 범주의 관세'가 매겨질 것을 예고했다. 반도체에 25% 관세가 부과된다면 대미 수출 감소는 불가피할 전망이다. 반도체가 대미 수출에서 차지하는 비중이 자동차 등에 비하면 크지 않지만, 미국이 우리나라 2대 수출시장이란 점에서 타격은 적지 않을 전망이다.

실제로 반도체 수출 감소세가 본격화할 것이란 관측이 나온다. 산업통상자원부가 발표한 2월 수출입 동향에 따르면 반도체 수출액은 96억 달러로 전년 대비 3% 줄었다. 반도체 수출은 2024년 5월 114억 달러를 시작으로 8개월 연속 100억 달러 이상을 넘겼다. 그러나 반도체 수출 증가율은 2025년 1월에 들어서면서 한 자릿수로 뚝 떨어졌다. 물론 일시적인 계절적 비수기 요인이란 분석도 있다. 실제로 4월에 다시 반등했지만, 관세가 부과되면 더 감소할 것이란 전망도 적지 않다. 반도체는 한국 전체 수출의 20%가량을 차지하는 만큼 수출 감소가 경제에 미치는 타격이 클 것으로 우려된다.

반도체 제조와 검사 등 각종 장비에도 주목해야 한다. 반도체 관련 장비에 부과되는 관세 충격도 피할 수 없을 전망이다. 이들 장비는 대당 수천억 원을 호가하는 만큼 이들에도 관세가 부과된다면 우리 기업의 가격 경쟁력은 더욱 하락할 수 있다. 반도체 관세 영향은 단순히 반도체 업계에 그치지 않는 만큼 추가 영향에 주목해야 한다. 정보기술(IT)과 자동차, 국방, 인공

지능 등 산업 전반에 광범위하게 영향을 미칠 수 있다. 반도체 관세가 부과되면 업계는 물론 전방위적인 수요 감소를 동반할 수 있다.

중국에 중간재 수출하는데, 수요 감소 우려에 땀 뻘뻘

우리 반도체 업계는 무엇보다 중국에 부과된 폭탄 관세에 우려하고 있다. 우리 수출 최대 품목인 반도체는 중국의 전자제품 제조 생산업체에 중간재로 수출되며, 이는 완제품으로 조립돼 미국으로 수출되기 때문이다. 한국무역협회에 따르면 2024년 한국의 대중 수출액 1330억 달러 중 약 86%가 메모리 반도체와 디스플레이 등을 포함한 중간재였다. 미·중 무역전쟁 여파로 미국의 IT 제품 소비가 위축되는 점도 우려된다. 미국의 대중 관세 부과는 아이폰을 비롯한 미국 내 IT와 가전 등의 소비를 줄어들게 만들면서 중국의 생산 감소로 이어질 수 있다. 이는 디스플레이와 무선통신을 비롯한 반도체 수출 감소로 이어질 수 있다. 즉 미국의 관세 폭탄으로 중국의 대미 수출이 줄어들면 중국의 한국산 중간재 수요도 덩달아 감소할 수 있다는 뜻이다.

다만 AI 등의 발전으로 미국 현지 판매가 늘어나는 대용량 저장장치(SSD) 등 컴퓨터와 변압기 등 첨단산업 수요가 확대된다는 점에 주목된다. 이 같은 수요 확대가 관세 충격을 일부 상쇄할 것으로 기대하고 있다. 아울러 반도체는 미국이 자체적으

중국 내 한국 반도체 공장

자료: 비즈워치

로 생산할 수 있는 대체재가 없다는 점에서 높은 관세가 매겨지더라도 업계에 미치는 리스크는 크지 않을 것이란 분석도 공존한다. 세율만큼 가격을 인상하는 대안 등도 있기 때문이다.

미국이 내세우는 무관세 조건인 현지 생산을 검토하는 것도 필요하다. 이미 국내 반도체 기업들은 현지 투자에 돌입했다. 삼성전자는 테일러 파운드리 공장에 오는 2030년까지 370억 달러 이상을 투자한다고 밝혔다. 이를 토대로 미 상무부와 2024년 말 47억 4500만 달러 직접 보조금 지급 계약도 체결했다. SK하이닉스도 인디애나주 웨스트라피엣에 38억 7000만 달러를 투자한다고 발표했다. AI 메모리용 어드밴스드 패키징 생산기지를 짓기로 하면서 최대 4억 5800만 달러의 직접 보조금을 받기로 했다.

미·중 패권 경쟁의 반사이익을 지렛대로, 중국 의존도 줄여야

미·중 반도체 패권 경쟁이 심화하면 싱가포르와 베트남 등 아세안(ASEAN) 반도체 시장이 반사이익을 얻을 것으로 예상된다. 반도체는 말레이시아와 싱가포르, 베트남의 최대 산업이다. 글로벌 반도체 기업들의 아세안 진출 계획이 잇따르는 것은 물론 한국 기업의 투자도 꾸준히 이어지고 있다. 아세안은 동아시아 반도체 제조국과 지리적으로 가깝고 인건비가 저렴하지만, 숙련된 인력이 부족한 지역이다. 게다가 후공정에 치중된 산업구조를 갖고 있다. 아세안 공급망과 협력을 강화하며 반도체 가치사슬 내 중국 의존도를 줄이는 것이 도움이 될 것이다.

다만 미국의 중국 제재가 아세안 반도체 산업까지 확대되는 것은 아닌지 지켜봐야 한다. 미국이 중국의 반도체 우회수출을 차단하기 위해 중국 외 국가까지 대상을 확대하면 관련 투자가 위축될 수 있기 때문이다. 즉 아세안과 협력하며 현지 진출을 도모하는 동시에 중국 현지 공장과 공급업체에 관련 리스크를 완화하는 것이 필요하다.

아울러 중장기적인 관점에서 우리 반도체 업계도 후공정 기술의 경쟁력을 강화할 필요가 있다. 2023년 매출 기준 반도체 후공정 글로벌 20대 기업 중 한국 기업은 4곳에 불과한 것으로 조사됐다. 이마저도 모두 10위권 밖인 데다 전체 후공정 시설 규모도 현저히 적은 상황이다.

철강·화학: 미국의 보호무역 강화에 따른 타격

쿼터 대신 '25% 관세' 철강 업계 엎친 데 덮친 격

한국산 철강 제품은 2018년 트럼프 1기 행정부 때 25% 관세 위기를 피한 바 있다. 대신 수출 물량을 약 70% 수준으로 줄인 '263만 톤 무관세 쿼터(수출 물량 제한)'를 적용받았다. 그러나 2025년 3월 12일 트럼프 2기 행정부는 한국을 포함 일부 국가에 쿼터를 적용하는 대신 관세를 면제하던 과거 제도를 폐지하며 25% 관세를 일괄 부과 중이다. 구체적으로 제조용 원자재로 활용되는 철강은 물론 볼트·너트, 스프링, 체인 등 172개 파생 상품에도 같은 세율의 관세가 부과되고 있다. 심지어 맥주캔 등 파생상품에는 철강이나 알루미늄 함량 가치를 따져 관세가 부과될 정도다.

그동안 국내 철강 업계는 중국의 저가 공세에 치여 고전을 면치 못했다. 중국에서 과잉 생산된 철강이 아시아와 유럽 등 세계 곳곳에 저가로 공급되다 보니 가격 경쟁에서 밀릴 수밖에 없었다. 심지어 국내 시장마저도 국산보다 약 15% 저렴한 중국산이 잠식했을 정도다. 게다가 2024년부터 글로벌 경기가 둔화되면서 세계적으로 철강 수요가 크게 줄어들었다. 동시에 국내에서는 전기요금 인상으로 비용 부담이 커진 데다, 최대 수요처인 건설업황 침체까지 겹치면서 내수시장에서도 실적 저하에 직면한 상태다.

2024년 기준 국내 철강 업계 가동률은 60%까지 줄어들면서, 총생산량도 6590만 톤으로 10년 내 최저 수준을 기록했다. 포스코와 현대제철의 실적은 2024년 하락한 상태다. 포스코 영업이익은 1조 4730억 원으로 1년 전보다 29%, 현대제철은 3144억 원으로 61% 줄었다.

여기에 25% 관세까지 더해지면 미국에서 수출까지 줄어들면서 실적 악화가 가속화할 것으로 우려된다. 실제로 관세가 이미 부과된 3월부터 철강 업계의 실적 저하는 현실화됐다. 무역협회의 국가별 품목 수출입 통계에 따르면 미국이 관세를 부과하는 153개 철강 제품의 3월 대미 수출액은 3억 4134만 달러, 물량은 8만 2886톤으로 집계됐다. 1년 전과 비교하면 각각 16.6%, 10.3% 줄어든 규모다.

통상적으로 철강은 계약이 이뤄진 뒤 수출하기까지 2~3개월 시차가 발생하는 만큼 3월 수출 감소는 관세 영향이 본격화한 것으로 보기는 어렵다. 업계에서는 4월 중순 이후로 철강 수출은 더 큰 폭으로 감소할 것으로 보고 있다. 중소업체에 더 타격이 클 것으로 우려된다. 중소벤처기업부에 따르면 국내 철강 관련 중소기업의 42%가 미 관세정책의 영향을 받고 있으며, 이에 따른 업체당 평균 피해 예상액은 181억 5000만 달러에 달할 전망이다.

제로베이스에서 경쟁력 제고하고 기회를 엿보다

반면 이번 관세 조치가 한국산에만 적용되는 게 아닌 만큼 크게 우려할 수준이 아니란 분석도 있다. 다른 철강 수출국과 '제로베이스'에서 경쟁하는 환경이 조성됐다는 점에서, 오히려 새로운 기회 발굴이 필요한 때라는 관측도 공존한다. 그동안 쿼터도 없고 관세도 없이 철강을 수출했던 캐나다, 멕시코 등과 동등한 위치가 된 것처럼 말이다.

게다가 쿼터가 없어진 대신 관세가 부과됐지만, 이를 뒤집어 생각하면 경쟁력을 갖춰 수출량을 늘릴 기회로 볼 수 있다. 품질이나 가격 경쟁력 면에서 비교우위에 선다면 오히려 수출이 늘어날 가능성도 있다. 미국에 수요가 많은 친환경 고부가가치 철강을 중심으로 경쟁력을 강화할 방안을 모색하는 것이 필요하다.

우리 철강 업계는 관세 부과에 좌절하기보다 최대한 비용을 줄이고 경쟁력을 강화하는 방안을 택했다. 그 첫 번째로 미국 현지에서의 생산능력을 확대하는 데 집중하고 있다. 현지 생산으로 25% 관세의 벽을 넘겠다는 구상이다. 현대제철은 최근 미국 루이지애나주에 총 58억 달러를 투자해 연산 270만 톤 규모의 전기로 기반의 제철소를 건설한다고 밝혔다. 2029년 상업생

미국의 알래스카 LNG 프로젝트 개요

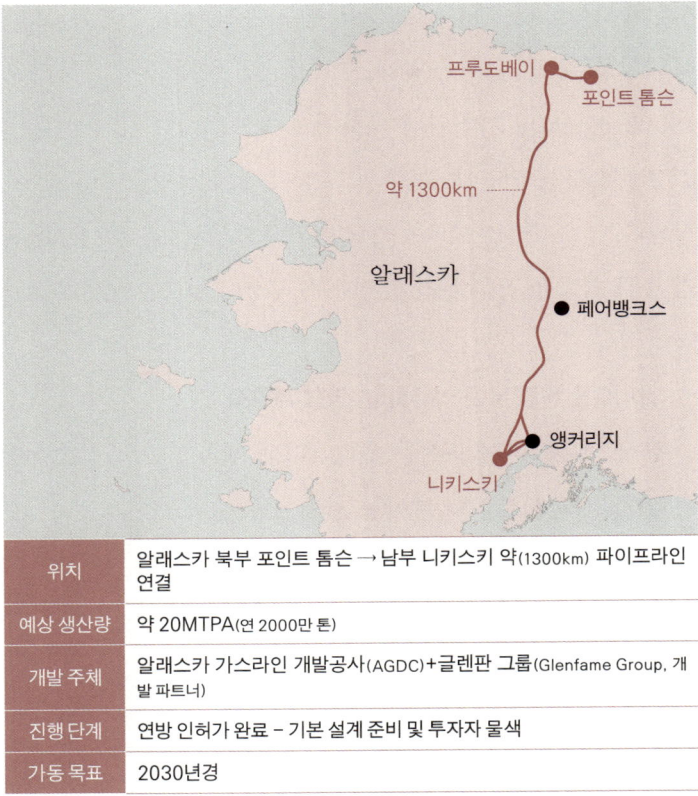

위치	알래스카 북부 포인트 톰슨 → 남부 니키스키 약(1300km) 파이프라인 연결
예상 생산량	약 20MTPA(연 2000만 톤)
개발 주체	알래스카 가스라인 개발공사(AGDC)+글렌팜 그룹(Glenfame Group, 개발 파트너)
진행 단계	연방 인허가 완료 – 기본 설계 준비 및 투자자 물색
가동 목표	2030년경

자료:《중앙일보》

산을 목표로 추진 중이다. 포스코는 미국에 상공정 분야의 투자를 검토 중이다. 기존 하공정 위주에서 벗어나 현대제철처럼 쇳물부터 열연과 냉연 제품까지 미 현지에서 생산하는 상공정 진출을 검토하고 있다.

아울러 트럼프 행정부가 추진하는 알래스카 가스전 개발 사업에서 최우선 파트너로 한국이 거론된 것을 기회로 보고 사업성을 검토 중이다. 알래스카 가스전 사업을 추진하려면 1300km 규모의 가스관과 액화천연가스 터미널 등 플랜트를 건설해야 하는 만큼 특수강 등 철강 수요가 상당할 것으로 예상된다. 알래스카 프로젝트가 실현된다면 LNG 플랜트용 특수강 공급 역량을 갖춘 우리 업계에 큰 시장이 열리는 셈이다.

대미 수출 비중 낮은 석유화학, 영향 제한적

한국 석유화학 제품에는 우리나라에 매겨진 25% 상호관세가 부과된다. 석유화학 분야는 전체 수출에서 대미 비중이 차지하는 비중이 다른 업종보다 높지 않다는 점에서 관세 부과로 인한 영향이 제한적일 것이란 전망이 우세하다. 2023년 기준 국내 석유화학 업체들의 국가별 수출 비중은 중국이 36.9%로 가장 크다. 미국은 8.9%로 베트남(11.4%)에 이어 3위다. 그렇지만 최근 석유화학 업계도 어려움을 겪어온 만큼 관세 부과로 인한 타격이 불가피할 것으로 예상된다. 최근 수년간 중국이 저가 물량 공세를 펼치면서 수익성이 크게 악화된 상황인데, 관세까지 부과되면서 대미 수출이 위축될 것이란 위기감이 고조됐기 때문이다. 국내 석유화학 업계에 미국 시장이란 최대 시장인 중국 수출에 어려움을 겪을 때 이를 만회하는 곳으로 여겨진다.

다만 미국과 중국의 무역 갈등이 장기화하면 국내 업체가 반사이익을 얻을 여지가 있다. 고부가가치 제품에 강점을 가진 업체들이 가격 경쟁력을 잃은 중국산 틈바구니를 파고들면 기회가 될 수 있다. 대표적인 고부가가치 제품으로는 의료 및 산업용 장갑 소재로 쓰이는 NB라텍스가 꼽힌다. 하나증권에 따르면 미국의 중국산 NB라텍스 소재 장갑 수입 비율은 2024년 35%였는데 관세가 부과된 이후 7%로 급감했다.

한국은 어떻게 대응할 것인가

외교적 해법 vs 산업정책의 변화

전 세계 상대는 트럼프도 부담, 중장기 관점으로 의연하게

트럼프 2기 행정부는 2018년 중국에 관세 폭탄을 투하하던 1기 행정부 때와 달리 전 세계를 상대로 폭탄을 던지고 있다. 전 세계를 상대로 한 관세 조치 내역이 발표되자, 중국과 캐나다, 유럽연합 등까지 맞서기 시작했다. 중국만을 상대로 폭탄을 던지는 것과 전 세계에 던지는 것은 근본적으로 다르다. 이번 관세 조치가 사실상 중국을 겨냥했다고 하더라도, 다른 많은 국가를 적으로 돌리는 조치란 점에서다.

그런 면에서 미국이 관세 조치를 장기적으로 끌고 가기 힘들 수 있다는 지적도 나온다. 미국은 우리와 달리 무역 의존도가 낮은 편이다. 그렇다고 수출을 포기할 수 있다는 뜻은 아니다. 미국은 농산물 수출 대국으로 캐나다와 멕시코, 중국 등에 상당 규모 수출하고 있다. 만약 관세 보복 등으로 이 같은 수출에 타격을 입는다면 미국 내 트럼프 지지층이 균열될 수 있다. 미국 역시 전 세계를 상대로 하는 관세 조치가 부담스러울 수 있다. 미국이 중국을 제외하고 상호관세 조치를 90일 유예한 것도 같은 맥락으로 읽힌다.

전문가들은 관세 폭탄은 장기 전략이 아닌 단기 충격요법에 더 가까워 보인다고 분석했다. 그런 만큼 트럼프의 관세 부과를 과도하게 우려해 협상 테이블에서 서둘러 우리 것을 내어주는 것에 신중할 필요가 있다. 미국은 무역장벽 보고서를 통해 한국의 망사용료 부과, 고정밀 지도 공유 불허, 플랫폼 공정거래법 등을 무역장벽으로 거론했다. 미국의 관세율 부과에 일희일비하며 트럼프가 원하는 것을 서둘러 내어주기보다 중장기적인 이해득실을 따지는 등 페이스를 유지하는 전략도 필요하다. 업계도 마찬가지다. 관세로 인한 수출 저하를 우려해

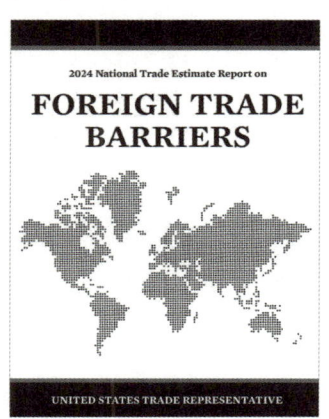

〈2024 국가별 무역장벽보고서 (NTE)〉 표지

이 보고서는 미국 정부 기구인 무역대표부(USTR)가 2025년 3월 29일(현지 시간) 공개했다.
자료: USTR 홈페이지

전략을 급히 선회하다간 중장기적으로 늪에 빠질 수 있다. 급하게 현지 가격을 조정하거나 수출을 중단한다면 시장에서 신뢰도 하락을 겪게 될 수 있다.

애플의 팀 쿡처럼? 우리는 미국 기업이 아니다

트럼프가 던진 관세 폭탄에 전 세계가 혼돈과 충격에 빠져 있던 때 절체절명의 위기에서 기업을 구해낸 이가 바로 애플의 최고경영자 팀 쿡이다. 트럼프가 중국에 125% 상호관세를 매기면서 애플도 재정적 위기에 직면하게 됐다. 애플은 아이패드의 80%, 맥 노트북의 60%를 중국에서 생산한다. 그렇다고 중국에 매겨진 관세 폭탄을 피해 생산시설을 중국에서 다른 국가로 이전하는 것도 쉽지 않다. 애플의 매출 약 17%가 중국에서 발생되는 데다 매장 수십 곳을 운영 중인 만큼 중국 시장을 무시할 수 없기 때문이다. 이 같은 위기에 처했던 애플은 트럼프가 수입 전자제품에 대한 상호관세를 면제한다고 발표하면서, 기사회생할 수 있었다.

애플이 살아난 것은 우연이 아니다. 전문가들은 트럼프가 애플을 '살려둔 것'을 두고 팀 쿡의 물밑 노력의 결과라고 평가했다. 그는 하워드 러트닉 상무장관에게 직접 전화를 걸어 대중국 관세가 아이폰 가격에 미치는 영향을 설명했고, 백악관 고위 인사들을 접촉하며 관세 예외 조치를 호소했다. 트럼프 취임식에 사비 100만 달러를 기부하는 등 트럼프와 스킨십에 공을 들였던 팀 쿡은 결국 그의 마음을 움직인 셈이다. 트럼프는 전자제품에 대한 상호관세를 면제한 것에 대해 "내가 최근 팀 쿡을 도와줬다. 그가 나를 직접 만나러 온 점이 인상 깊었다"고 말한 바 있다.

팀 쿡처럼 발 빠르게 스킨십을 늘리는 기업들이 있다. 현대차그룹은 공화당 소속인 드루 퍼거슨 전 미국 연방 하원의원을 HMG 워싱턴사무소장으로 선임했다. 아울러 정의선 현대차그룹 회장은 트럼프 대통령의 관세 압박이 본격화하기 전에 백악관을 찾아 대미 투자 계획을 선제적으로 발표했다. 일본에서도 소프트뱅크 창업자인 손정의 회장이 트럼프의 마음을 얻기 위해 발 빠르게 움직였다. 손 회장도 백악관에서 5000억 달러 규모의 AI 인프라 투자를 위한 스타게이트 사업을 출범한다고 밝혔다.

그럼에도 소프트뱅크를 비롯한 일본과 현대차그룹을 포함한 한국산 자동차에 특혜를 받지는 못했다. 기억해야 할 것이 있다. 우리는 미국 기업이 아니란 점이다. 백악관과 스킨십을 늘리더라도 애플처럼 특혜를 얻기란 쉽지 않을 것이다.

과도한 우려보다 기회의 관점으로

트럼프의 관세 부과로 미국에 수출되는 한국산 제품의 가격이 오르면서 가격 경쟁력을 잃게 되는 점에 우려할 수 있다. 그러나 한국산 제품에 부과된 25% 관세에 집중하기보다 중국과 인도, 유럽연합 등 다수의 국가에 매겨진 관세율이 우리보다 더 높다는 점에도 주목할 필요가 있다. 우리보다 고율의 관세가 부과된 국가와 비교하면 우리 상황은 비교적 나은 편이다.

산업연구원은 '미국 우선주의 통상정책'을 분석한 보고서에서 미국 입장에서 한국은 불공정 무역행위 수준이 낮은 편이라고 밝혔다. 미국과 교역하는 다른 국가보다 상품 시장의 개방도가 높고 환율 조작, 수출상품 부가세 환급, 직간접 보조금, 세액공제, 수입제한 등의 정도가 낮다고 설명했다. 미국의 관세 부과는 현재진행형이다. 향후 품목별 관세 대상이 하나둘 늘어날 수 있다. 미국이 중국과 인도, 유럽연합 등의 불공정 무역행위에 추가적으로 상계관세 등을 부과하거나 환율 조정을 요구한다면, 한국 수출품의 경쟁력은 상대적으로 높아질 것이라고 설명했다.

아무리 미국이 전 세계를 대상으로 관세를 부과하고 있다지만 그 어느 국가보다 타격을 입는 곳은 중국이다. 중국은 저가를 무기로 앞세우고 있지만 이를 넘어설 정도의 관세에 짓눌린 상태다. WTO는 미·중 무역 갈등으로 양국 간 상품 교역이 최대 80%까지 감소할 수 있다고 추정했다. 이는 누군가에겐 기회가 될 수 있다는 뜻이기도 하다. 과연 그 속에서 우리의 기회는 무엇일지에 더 골몰해야 한다.

의연하게 버틸 수 있게 '정부 지원' 병행해야

업계가 일희일비하며 중장기적으로 손해인 결정을 하지 않도록, 기업들이 버틸 수 있게 지원하는 것이 정부의 역할이다. 정부는 관세 충격에 따른 피해를 최소화할 수 있도록 유동성을 공급하는 것이 필요하다. 물론 우리 정부는 이미 미국의 자동차 관세에 대처할 수 있도록 긴급 유동성 3조 원을 지원한다고 밝혔다. 전기차 보조금 연장과 수출 바우처도 확대할 방침이다. 정부는 현재 관세 조치가 품목별, 국가별로 상이하게 시행되며 변동성도 있는 만큼 지원 사각지대는 없는지 끊임없이 살펴야 한다.

트럼프의 오락가락한 정책으로 통상환경의 불확실성이 커

미국의 관세 조치에 산업통상자원부가 발표한 긴급 대책

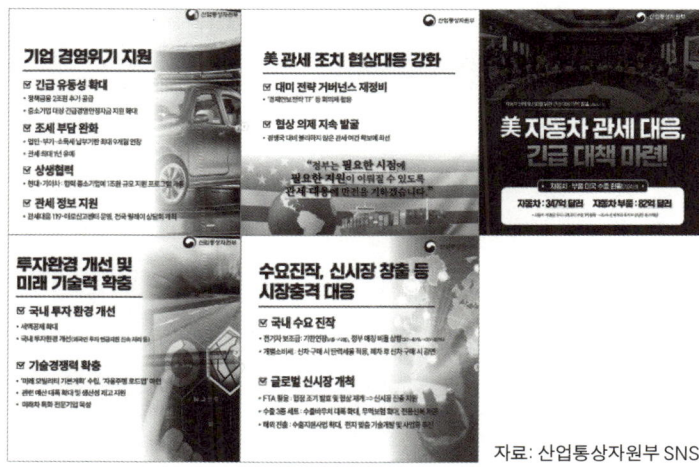

자료: 산업통상자원부 SNS

진 상황이다. 국내 수출기업들이 각국의 상황을 실시간으로 모두 파악하기는 쉽지 않은 만큼 정부에서 동향을 실시간으로 살피며 기업들과 공유해야 한다. 특히 각기 다르게 시행되는 면제 및 예외 조항 등도 숙지해 실무적으로 기업들이 불이익을 겪지 않도록 지원해야 한다. 대기업들은 정부보다 발 빠르게 움직이며 백악관과 접촉하거나 통상환경 변화를 파악하고 있지만, 더 많은 기업들이 그럴 역량을 갖추지 못했다는 점에 유념해야 한다.

한미 FTA 개정 가능성과 그 파급효과

상호관세 25%에 유명무실해진 FTA

트럼프 대통령이 한국에 25%의 상호관세를 부과하면서 사실상 한미 FTA가 백지화된 것 아니냐는 관측이 나온다. FTA란 양국의 교역에 관세 장벽을 없애자고 맺은 협정인데, 미국이 이번에 우리나라에 대한 관세 장벽을 일방적으로 높이면서 한미 FTA가 사실상 유명무실해졌기 때문이다.

우리나라는 미국과 지난 2007년 체결한 한미 FTA에 따라 현재 대부분 상품을 무관세로 교역하고 있다. 이에 따라 대미 수입품에 대한 우리나라의 평균 관세율은 2024년 기준 0.79% 수준이다. 환급되는 것까지 고려하면 이보다 낮을 것으로 예상된다. 미국에서 우리나라로 수출하는 공산품에는 관세율이 부과되지 않는다.

이처럼 관세 허들을 없앤 뒤 양국은 활발하게 교역하며 국민 편익을 증대시키고 산업 발전을 이룬 것으로 평가되지만, 미국은 한미 FTA를 대폭 개정하거나 대체할 협정을 체결할 것을 압박할 가능성이 크다. 이번 전방위적인 관세 압박을 미국이 협상 카드로 활용할 수 있다. 최근 마코 루비오 미 국무장관의 '기준선' 재설정 발언은 미국에게 불리한 무역협정을 뜯어고치겠다는 의지를 보여준다. 그는 CBS 〈페이스 더 네이션〉 인터뷰에서 "(미국이) 기준선(baseline)을 재설정하고 국가들과 잠재적인 양자 협정을 체결할 수 있다"며 "캐나다, 멕시코, 유럽연합에만 해당하는 것이 아닌 전 세계를 대상으로 한다"고 말한 바 있다.

백악관이 4월 3일(현지 시간) 공개한 '미국 우선주의 무역정책' 보고서에도 이 같은 입장이 잘 드러난다. 요약본에 따르면 미국 무역대표부(USTR)는 트럼프 대통령에게 무역 불균형의 근본 원인을 해결하려면 기존 무역협정을 '현대화'할 여지가 상당하다고 보고했다. 현대화가 필요한 부분으로 미 수출업자를 위한 외국 관세율 인하, 외국 규제 체제의 투명성과 예측 가능성 개선, 미국 농산물의 시장 접근 개선 등을 꼽았다. USTR은 이 문서에서 한미 FTA를 구체적으로 거론하진 않았지만, 한국에 비교적 높은 25%의 상호관세를 매긴 점 등을 감안하면 한미 FTA에 대한 인식이 긍정적이지 않을 것으로 예상된다.

'압박-협상-재협상'으로, 과거처럼 개정 추진

전문가들은 이번 전방위적인 관세 압박을 미국이 협상 카드로 활용할 것으로 보고 있다. 과거 트럼프가 1기 행정부 때 한미 FTA 개정을 추진한 것처럼 이번에도 협상을 요구할 수 있다. 트럼프는 그동안 줄곧 한미 FTA를 개정하려 시도했다. 8년 전인 2017년 처음 백악관에 입성한 트럼프는 취임 100일째 되던 날 한미 FTA를 비롯한 20개 무역협정을 모두 재검토하라는 행정명령에 서명했다. 그는 2012년 공식 발효된 한미 FTA를 '불공정 무역'의 사례로 지목하며, 미국의 이익을 늘리는 방향으로 재협상을 요구했다. 결국 2018년 한미 FTA 개정을 관철시켰다. 트럼프는 당시 한미 FTA는 물론 캐나다와 멕시코도 압박해 북

한미 FTA 10년 경제 변화

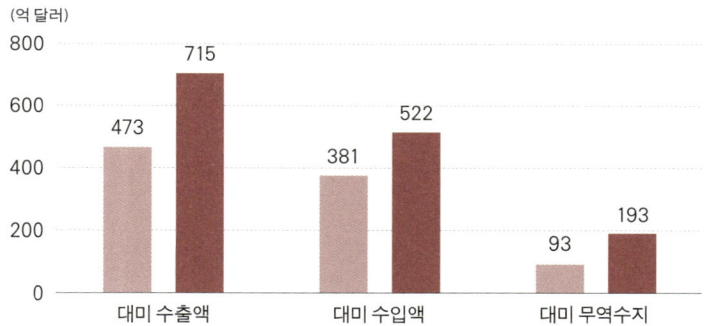

자료: 산업통상자원부, 대외경제정책연구원

미 FTA도 개정한 바 있다.

이처럼 트럼프의 '압박-협상-재협상'으로 이어지는 전략을 이번에도 쓸 것이란 관측이 우세하다. 트럼프가 여전히 한국과의 교역에서 불리하다는 판단을 하고 있을 것이란 점에서다. 미국이 원하는 대로 과거 한미 FTA는 개정이 이뤄졌지만, 그럼에도 한국에 대한 미국의 무역적자는 더 심해졌다. 한국무역협회에 따르면 미국의 대한 무역적자 규모는 2018년 138억 달러에서 2019년 114억 달러로 17.4% 줄었다. 한미 FTA가 개정된 2019년 1월 1일 직후에는 적자가 개선된 것처럼 보였지만, 그 이후 연이어 증가했다. 2020년 166억 달러, 2021년 227억 달러, 2022년 280억 달러 등 꾸준히 늘었다.

협상 테이블에 어떤 게 올라올까

우선 최대한 FTA가 개정되지 않도록 협상하는 것이 중요하다. FTA를 기반으로 무관세란 점에서 이미 미국과 FTA를 체결하지 않은 다른 나라보다 미국 시장에서 경쟁 우위를 점하고 있기 때문이다. 가령 우리나라 자동차는 미국에 수출될 때 관세가 적용되지 않기에 앞으로 25% 관세만 추가된다. 반면 미국과 FTA를 체결하지 않은 국가는 최혜국 대우(MFN)를 받더라도 자동차 관세율은 2.5%란 점에서, 최종 27.5%로 올라갈 수 있다.

그럼에도 미국이 FTA 개정을 추진한다면 분야별로 섬세한 접근이 요구된다. 미국에서는 이미 우리가 민감해하는 소고기 수입 월령 제한, 까다로운 농산물 위생검역 등을 거론하고 있다. 스크린쿼터제 폐지, 의약품값 조정 등도 논의 테이블에 오를 수 있다. 이 밖에 온라인 플랫폼의 독과점 규제, 건강보험 약값 정책 등을 미국 기업에 유리하게 바꿀 것을 압박할 가능성도 있다. 협상에 앞서 국내에서 발생할 혼란에도 대비해야 한다. 우리나라는 과거 한미 FTA 협상이 진행될 때마다 농민들을 비롯한 일부 산업군과 정치권 등 국내 반발이 거셌다. 이번에 FTA 재협상이 추진된다면 과거 반복됐던 국내 역풍이 또 불어닥칠 수 있다.

한편 업계에서는 기존 FTA 내 새로운 챕터(조항)를 삽입하거나 사이드레터(부속서한)를 작성하는 형식의 보완이 이뤄질 수 있다는 전망도 나온다. 이미 양국이 공산품 등에 무관세를 적용하는 만큼 미국이 '우려사항'에 제한적으로 재협상을 요구할 수 있다.

글로벌 공급망 재편 속 한국 기업의 경쟁력 강화

중국도 아세안도 안전하지 못하다

최근 디올 등 해외 명품 가방이 유럽 등 현지가 아닌 중국 공장에서 만들어진다는 뉴스로 떠들썩하다. 특히 원가가 10분의 1에도 미치지 않는다는 사실에 불매운동이 벌어졌을 정도다. 프랑스 가방인 줄 알았던 소비자들은 중국 가방을 거액을 주고 샀다는 점에 분통을 터트렸을지 몰라도, 명품뿐 아니라 우리가 이용하는 거의 모든 제품들이 각각 다른 국가에서 만들어지는 것이 현실이다. 원재료(raw material)부터 완제품(final product)이 만들어져 최종소비자에게 전달되기까지를 공급망이라 한다.

과거 기업들은 비용을 최소화해 효율성을 극대화하는 방향으로 공급망을 만들었다. 그렇다 보니 값싼 노동력을 얻을 수 있는 중국 등 일부 국가에 편중되는 현상이 나타났다. 중국은 우리나라의 독보적인 수출국 1위이며, 국내 기업들의 공급망이 집중된 국가다.

코로나19로 인한 중국 봉쇄로 중국에 공급망을 뒀던 우리 기업들은 위기에 봉착했다. 이후 러시아-우크라이나 전쟁 등 연이은 글로벌 리스크를 겪으면서 동남아 등으로 공급망을 다변화했다. 그러나 트럼프의 타깃이 된 중국은 물론 아세안도 안전하지 못하다. 이들 국가에 우리보다 더 높은 상호관세가 부과됐기 때문이다. 기업들이 생산기지 등을 다시 옮기는 것에 부담을 느끼겠지만, 미·중 패권 다툼은 수십 년 반복될 것으로 예상되는 만큼 공급망 재편이 필요하다. 공급망 재편은 '효율성'만 따질 게 아닌, 위기로부터 '회복탄력성'을 갖춘 구조로 이뤄져야 한다.

리스크 피해 진출할 만한 유망국 6곳은 어디?

중국도 아세안도 트럼프발 관세정책에서 안전하지 못한 지금, 과연 우리 기업들이 검토할 만한 유망 국가는 어디일까. 산업통상자원부는 대한무역투자진흥공사(KOTRA)와 주목해야 할 진출 유망국 6곳을 소개했다. 미국의 관세정책으로 기존 무역 질서가 재편되는 상황을 기반으로 우리 기업이 공략할 수 있는 시장을 찾아 진출 전략을 보고서에 담았다.

2025 주목해야 할 진출 유망국 6

흐름	국가	주목할 요소	유망 분야(품목)
Global South	인도	• 강력한 국가 주도 인프라 확대 움직임 – 도시 인프라, 도로 연결, 공항 건설 등 프로젝트 다수 추진	• 건설장비 • 전력 기자재
첨단산업과 신시장	말레이시아	• 구글, 아마존 등 글로벌 기업 주도 말레이시아 데이터센터 생태계 확장세 – 최근 3년간 약 23조 원 규모의 데이터센터 투자 유치	• 데이터센터 장비 • 데이터 관리 보안 • 가상화 서비스 • 에너지 인프라
첨단산업과 신시장	UAE	• '새로운 석유'를 찾기 위한 산업 다변화 추진 – AI 기반 미래 산업, 관광 및 도시개발 확대	• 재생에너지 발전, 원전 프로젝트 • 도시개발 및 건설업
유라시아 공급망	우즈베키스탄	• 중앙아 자동차 생산 중심지로 부상하며 대량생산화 진행	• 자동차 생산설비 • 에너지 개발
혁신 파트너십	독일, 이탈리아	• 생산성 제고를 위한 자동화, 산업용 로봇 수요 급증	• 자동화 및 DX • 에너지 산업

자료: 산업통상자원부, 대한무역투자진흥공사

- **대규모 인프라 개발을 추진하는 인도:** 인도는 가장 빠르게 성장하는 글로벌 사우스 대표국이다. 대규모 인프라를 개발을 추진하는 점에 주목된다. 인도 정부는 2021년 8월 발표한 '인프라 부흥 계획'에 따라 도시 인프라(상하수도 및 폐기물 처리), 도로 연결, 공항 건설 등 프로젝트를 추진하고 있다. 앞으로 건설장비와 전력 기자재 수요가 늘어날 것으로 예상된다.

- **AI 시대 '데이터 허브' 꿈꾸는 말레이시아:** 말레이시아는 구글과 아마존 등에서 약 23조 원 규모의 투자를 유치했다. 게다가 저렴한 전력 비용과 유리한 지리적 위치, 정부의 인센티브 등을 더해 AI 인프라를 강화하고 있다. 향후 데이터센터 관리와 보안, 가상화 등 신기술 서비스에 대한 수요도 지속적으로 늘어날 전망이다.

- **유라시아 진출 거점으로 떠오르는 우즈베키스탄:** 러시아와 우크라이나 전쟁 이후 우즈베키스탄이 유라시아 지역의 핵심 거점으로 부상하고 있다. 전쟁이 장기화에 접어들면서 러시아산 자동차 수요가 중앙아시아로 넘어가는 모양새다. 중앙아시아는 2030년까지 자동차 최대 100만 대 생산을 목표로 한다. 전반적인 자동차 시장이 확대되며 기업들의 진출 기회도 커질 전망이다.

- **석유를 넘어서려는 UAE:** 아랍에미리트는 석유 산업 중심의 경제구조에서 벗어나기 위해 물류와 관광, AI 산업을 기반으로 사업 다각화를 추진 중이다. 특히 관광산업과 도시개발, 에너지 다변화를 추진하고 있다. 신재생에너지와 원자력 산업이 확장되면서 새로운 시장이 창출될 것으로 기대된다.

- **독일과 이탈리아, 에너지 생산구조 바꾼다:** 유럽의 대표 제조국인 독일과 이탈리아는 최근 자동차 산업 침체에도 불구하고 2030년까지 연 3.51% 수준으로 꾸준히 성장할 것으로 예상된다. 환경을 위한 에너지 다변화, 산업 자동화 등 수요가 커지고 있다.

TARIFF WAR

4장

개인과 기업은
어떻게 대응할 것인가

개인의 투자 전략과 기업의 리스크 관리법

관세전쟁 시대를 이기는
개인의 투자 전략

트럼프 대통령의 상호관세로 전 세계 시장이 요동치고 있다. 소위 '미치광이 전략'으로 트럼프 대통령의 말 한마디에 전 세계 주식시장이 급등락을 반복하고 있는 것이다. 전문가들은 단기적으로 불확실성이 계속될 것으로 전망되는 만큼 섣부른 추격매수에 나서면 안 된다고 조언하고 있다. 공격적인 투자보다는 방어적으로 자산을 지키는 것이 중요한 시기라는 뜻이다. 앞으로 시장이 어떤 방향으로 흐를지 예상해서 선제적으로 투자하기보다는 어떤 상황에도 대처할 수 있는 대응력을 기르는 것이 필요한 때다.

다만 관세전쟁을 치르면서 확실해진 것이 있다. 트럼프 대통령이 공약으로든 연설로든 강조했던 부분은 반드시 관련 정책이 나온다는 점이다. 상호관세 역시 트럼프 대통령이 이미 강조하던 내용이다. 2024년 미국 대통령 선거 당시 통상정책 공약에 포함돼 있었다. 트럼프는 2024년 대선 레이스 초반에는 전 세계에서 수입되는 모든 상품에 일률적으로 10%의 관세를 부과할 수 있다고 말했다. 그리고 시간이 흐를수록 이는 강화됐고, 대선 직전에는 최대 20%를 매길 수 있다는 언급이 나왔다. 물론 실제 상호관세는 이 같은 예상을 모두 뛰어넘었지만 방향성은 예고됐던 셈이다. 이런 점을 고려해 그간 트럼프가 강조했던 정책과 어젠다를 확인하며 투자 전략을 세우는 것이 필요하다.

MAGA의 핵심축 '방산·에너지·원자재'에 주목하라

트럼프 전 대통령은 '강한 미국'을 다시 만드는 것이 목표다. 이는 경제, 안보 모든 측면에서 미국이 경쟁국보다 크게 앞서 나가야 한다는 것을 의미한다. 그리고 대표적인 경쟁국은 중국이다.

중국을 대하는 태도에 있어 트럼프 행정부는 바이든 행정부와는 완전히 다르다. 바이든 행정부 역시 중국을 경쟁자로 인식했지만 동시에 협력도 시도하는 이중적 접근법을 취했다. 하지만 트럼프 행정부의 기조는 강경 일변도다. 미국과 중국의 관계가 지금보다 훨씬 복잡하고 심각한 갈등 상황으로 치달을 수 있다는 뜻이다. 특히 군사력을 강화하고 있는 중국의 모습은 미국의 위기의식을 자극하기에 충분하다. 결국 미국 역시 이에 대응할 수밖에 없다.

글로벌 긴장이 강화되는 것은 방산업계에는 호재가 될 수 있다. 미국 시장에서 대표적인 방위산업체로는 록히드마틴, 레이시온 테크놀로지스, 노스롭그루먼 등이 있다. 이들 기업은 전투기, 미사일, 위성, 무인기 등 첨단 무기 체계에 특화돼 있다.

특히 세계적인 항공우주, 방위산업체인 록히드마틴은 대표적인 방산주다. F-35 등 군용기를 비롯해 군사 무기, 기술 등을 공급한다. 매출의 대부분이 미국을 비롯한 각국 정부다. 한국도 차세대 3군 통합 전투기 사업에 록히드마틴의 F-35A 기종을 선택하기도 했다. 미국 정부 등이 군비 확장을 위해 무기 구매를 늘린다면 가장 큰 수혜를 볼 수 있는 기업인 셈이다.

2025년 4월 9일, 트럼프 행정부는 미국산 무기의 수출 규제를 완화하는 내용을 포함한 행정명령에 서명했다. 지금까지 미국은 무기수출통제법(Arms Export Control Act)을 근거로 의회

록히드마틴 F-35 라이트닝 II(F-35 Lightning II)

자료: 록히드마틴 홈페이지

가 무기 수출에 대한 사전 심사 권한을 가지고 있었다. 그만큼 절차가 까다로웠다. 하지만 이번 행정명령으로 무기 수출 절차가 훨씬 편리해질 수 있다. 그만큼 수출이 늘어날 수 있다는 뜻이다.

여기에 해외에서의 무기 수요도 늘어날 것으로 예상된다. 대표적인 것이 한국이다. 한국은 트럼프 정부에서 새로운 위기를 겪고 있다. 미국이 상호관세와 맞물려 한국에 또다시 주한미군 방위비 분담금을 올려달라고 요구하고 있다. 하지만 2026년에서 2030년까지 적용되는 방위비 분담금은 이미 2024년 10월 제12차 한미 방위비분담특별협정(SMA)에서 정해졌다. 당시 11월 미국 대선에서 트럼프 대통령이 다시 집권할 가능성이 커서둘러 협상을 시작했다는 해석도 나왔다. 무리한 방위비 인상에 대해 바이든 정부조차 우려했던 것이다. 어쨌든 이미 정해진 분담금이 있기 때문에 분담금 인상이 트럼프 대통령이 원하는 만큼 이뤄지지 않을 수 있다. 물론 트럼프 대통령이라면 이 협정을 무시하고 재협상을 하자고 할 수도 있지만, 일단 기존 협정을 유지한다는 전제하에서 그렇다. 이 경우 미국에서 제시할 수 있는 카드가 미국 무기 구매를 확대하라는 것이다. 실제 지난 문재인 정부에서는 방위비 분담금 협상을 앞두고 무기 구매 카드를 검토하기도 했다.

다른 동맹국들도 무기 구입을 협상 카드로 쓰려는 모습을 보이고 있다. 대표적인 것이 일본이다. 일본은 2025년 2월 트럼프 대통령과 이시바 시게루 총리가 정상회담을 가졌다. 그리고 이 자리에서 보잉 C-17 수송기 구입 의사를 밝혔다. 같은 달 대만 역시 해안 방어용 순항미사일과 HIMARS(고속기동포병로켓시스템) 등을 포함한 70억~100억 달러 수준의 무기 구매 협상을 진행 중인 것으로 알려졌다. 한화로 9조 9000억 원에서 14조 원에 달하는 빅딜이다.

유럽도 군비 증강에 나서고 있다. 이 역시 트럼프 대통령의 정책 변화에 따른 것이다. 러시아-우크라이나 전쟁을 대하는 트럼프 대통령을 보고 유럽은 더 이상 미국이 유럽의 평화에 힘쓰지 않을 것이라는 위기의식을 느끼고 있다. 자체 국방력을 높여 각자도생의 길로 나서야 하는 상황이다. 트럼프 대통령 역시

보잉 C-17 글로브마스터 III(C-17 Globemaster III)

자료: 보잉 홈페이지

각국의 안보 자립을 요구하고 있다.

다만 유럽의 수요가 미국 방산업체로 올지는 확신할 수 없다. 트럼프 대통령과 미국 기업들에 대한 불신이 있기 때문이다. 트럼프는 2025년 3월 미국 공군과 보잉이 개발 중인 6세대 제트전투기 F-47의 개발 계획을 발표하면서 동맹국에 기능을 줄인 기종을 공급하겠다고 말했다. 그렇게 말한 이유는 '그들이 언젠가 동맹국이 아닐 수도 있다'는 점을 꼽았다.

동맹국 입장에서는 불신이 커질 수밖에 없는 발언이다. 단순히 기능이 줄어든 것이 아니라는 의혹도 있다. 록히드마틴의 F-35는 원격으로 무기 시스템을 제어할 수 있는 '킬 스위치'가 심어져 있다는 의혹이 있다. 록히드마틴과 미국 정부는 이를 부

라인메탈 KF51 판터(KF51 Panther)

자료: 라인메탈 홈페이지

인했지만 일부 국가에서는 이를 이유로 구입을 망설이는 것으로 나타났다. 이럴 경우 유럽 군비 증강의 수혜는 미국 기업이 아닌 독일 최대의 방위산업체인 라인메탈이 받을 수 있다는 전망도 나온다. 라인메탈은 독일 시장에 상장돼 있다.

한국 방산기업도 수혜가 기대된다. 일단 트럼프 대통령의 무자비한 상호관세에서 비교적 자유롭다. 방산업체의 미국 수출은 한국항공우주의 보잉용 기체 부품 정도이기 때문이다. 록히드마틴 등 미국 기업이 방산시장에서 갖는 위치가 압도적이고, 일부 지역에서는 경쟁이 불가피한 것도 맞다. 하지만 제품 라인업, 납기 차이 등으로 영향이 크지는 않다. 미국, 유럽 등 각국의 국방비 투자가 늘어나면서 수출국가가 다양해질 수도 있다.

에너지 분야도 트럼프 시대에 주목할 만한 투자처로 주목받고 있다. 트럼프 대통령은 지난 2024년 대선 기간 동안 화석연료로의 회귀 정책을 강조해왔다. 에너지 가격 하락을 위해 석탄, 원유, 천연가스 등을 다시 중용하겠다는 뜻이다. 트럼프 대통령은 취임 직후 바이든 대통령이 복귀했던 파리기후협약에서 다시 한번 탈퇴했다. 북극에서 석유 시추를 금지하는 것도 폐기했다. 신규 LNG 프로젝트의 수출 허가도 재개했다. 바이든 행정부가 강조해온 친환경 정책은 극적인 후퇴를 맞게 됐다.

이는 국내 에너지 기업들에겐 나쁘지 않은 조건이다. 미국이 화석연료 전반에 힘을 실어주는 이유는 결국 에너지 가격 하락을 위해서다. 이는 원유나 LNG 가격이 떨어지는 것을 의미한다. 국내 석유화학 업체들에게는 원가 하락이라는 떡고물이 떨어진다.

미국이 철강, 알루미늄 등 관세를 부과하면 이들 원자재의 추가 가격 상승을 기대하는 분위기도 감지된다.

트럼프 시대에 주목받은 업종 중 하나는 조선이다. 물론 조선 업종도 상호관세에서 완전히 자유로울 수는 없다. 관세가 높아지며 자유무역 흐름이 약화되면 전 세계 물동량이 줄어들 수 있기 때문이다. 다만 조선사들은 미국 수출 물량이 많지 않다. 또한 미국 입장에서도 한국 조선업과의 협력을 원하고 있다. 트럼프 대통령도 중국의 조선업에 대응하기 위해 국가안보 차원에서 미국의 조선 산업을 재건하겠다는 의지는 계속 밝히고 있다. 동시에 재건하는 과정에서 다른 나라에서 선박을 구매할 수밖에 없다는 점은 여러 차례 인정했다. 그 수혜를 세계적 경쟁력을 갖춘 한국 기업들이 받을 수 있을 것이란 기대다. 트럼프 대통령은 2025년 4월 8일 한덕수 대통령 권한대행 총리와의 첫 통화에서도 한미 간 협력 분야로 조선업을 언급한 바 있다.

리튬·희토류·반도체 관련 주식 및 ETF

트럼프 대통령은 2025년 3월 미국의 핵심 광물 공급망 강화를 위해 미국 광물 생산 증가 행정명령을 발표했다. 이 역시 목적은 중국에 대한 의존도를 줄이는 것이다. 자체적인 광물 채굴과 가공 능력을 확대하는 것이 목표다.

다양한 광물 중에서도 주목되는 것은 리튬, 니켈, 코발트, 흑연, 희토류 등이다. 모두 신기술에 꼭 필요한 재료들이기 때문이다. 특히 흑연은 전기차 배터리 음극재의 필수 원료로 매우 중요하다. 희토류 역시 첨단 무기 시스템의 핵심 소재로 쓰인다. 동시에 흑연과 희토류는 중국 의존도가 매우 높다. 전 세계 희토류 중 70% 정도가 중국에서 공급되고 있다. 미국 역시 희토류 수입의 70%가 중국이다.

이 때문에 미국은 수입 다변화를 추진하고 있고, 새로운 공급망을 만들기 위해 노력 중이다. 우크라이나에 희토류 관련 협의를 이어가고 있는 것도 이 때문이다. 우크라이나는 미국이 전략적으로 중요하다고 분류한 50가지 광물 중 22가지를 보유하고 있다. 리튬과 흑연의 매장량이 특히 많은 것으로 알려졌다. 물론 우크라이나 희토류 개발이 단기간에 이뤄질 일은 아니다. 협상 자체가 실제 희토류 확보보다는 중국에 대한 압박용이라는 분석도 있다. 하지만 미국이 새로운 수입과 사업을 진행하는 과정에서 미국 기업들의 역할이 불가피하다. 이때 핵심적인 역할을 할 미국 내 희토류 관련 기업들에 관심을 가져야 하는 이유다.

반도체 분야는 상호관세 국면에서 변동성이 확대될 수 있다. 반도체에 대해서는 상호관세가 부과되지 않았지만 자동차와 같은 품목별 과세가 예정돼 있기 때문이다. 반도체 기업 입장에서는 물건을 사주는 고객사에게 모든 가격 부담을 지울 수 없다. 관세 부담을 반도체 기업들도 나눠 져야 한다는 뜻이다. 결국 반도체의 평균판매단가(ASP)는 떨어질 수밖에 없다. 특히 삼성전자와 SK하이닉스는 매출 비중이 높은 DRAM 모듈이 관세 부과 대상에 오른 것이 부정적이다.

미국에서는 엔비디아의 움직임에 반도체 관련 종목들의 향방도 정해질 것으로 보인다. 일단 엔비디아는 첨단 반도체에 대한 중국 수출 금지 조치에 이어 저성능 칩인 H20까지 중국으로 수출할 경우 요건이 강화됐다. 또 중국의 엔비디아 주요 고객사도 수출 통제 대상에 올랐다. 마이크로소프트가 데이터센터에 대한 투자를 줄이고, AI 관련 수익성에 대한 우려가 계속

엔비디아 주가 추이

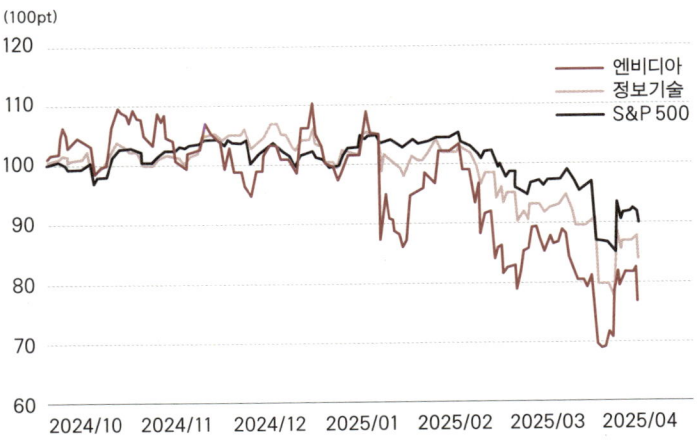

자료: LS증권

나오는 것도 엔비디아 주가를 짓누르는 요인이다. 동시에 AI에 대한 투자가 계속되고 있고, 이를 위해서는 엔비디아 등의 역할이 크다는 것도 부인할 수 없는 사실이다. 단기적인 접근보다는 장기적인 시각으로 분석할 때다. 특히 이번 중국 수출 제한 조치로 글로벌 반도체 패권 경쟁에서 미국이 완전히 앞서나갈 수 있다는 분석도 나온다.

한국 기업도 마찬가지다. 트럼프 대통령이 반도체 공급망의 중국 의존 탈피를 가속화할 경우, 한국 업체들은 미국 내 투자 확대를 통해 직접적인 수혜를 볼 수 있다. 빠르게 좁혀지고 있는 중국과의 기술력 격차가 벌어질 수 있다는 기대도 나온다.

다만 중국의 자체 기술력이 높아지는 것은 부담이다. 최근 보도에 따르면 중국은 극자외선(EUV) 노광 기술 없이도 첨단 반도체 제조가 가능해졌다. 이를 통해 화웨이에서 성능이 뛰어난 AI 칩을 공급할 수 있게 됐다. AI 인프라 확장을 위해 더 이상 미국과의 협력이 필요하지 않을 수 있다는 뜻이다.

개별 기업뿐 아니라 관련 ETF에도 관심을 가질 만하다. TIGER 2차전지테마 ETF, KODEX 2차전지산업 ETF 등은 리튬, 배터리 관련 기업 중심으로 구성돼 있다. KOSEF 희토류 전략산업 ETF는 희토류 관련 기업에 간접 투자가 가능하다. TIGER 반도체 TOP10, KODEX 반도체 ETF 등은 삼성전자, SK하이닉스 등 국내 반도체 대표주가 포함돼 있다.

달러 강세 지속 여부와 외환 투자 전략

상호관세 부과 이후 달러화는 약세를 보이고 있다. 2025년 4월 11일 기준으로 유로화 등 주요 6개 통화에 대한 달러화 가치를 반영하는 달러 인덱스는 100선 아래로 밀렸다. 달러 인덱스가 100선 아래로 내려온 것은 2023년 7월 이후 2년 만이었다. 이후 하락세는 지속되고 있다. 4월 16일 기준 달러 인덱스는 99.38을 기록했다. 올해 들어 8.5%로 떨어진 것으로 40년 만에 가장 큰 낙폭을 보였다.

그간 달러는 초강세를 보여왔다. 경제 불확실성이 커질수록 안전자산으로서 달러화에 대한 수요는 꾸준히 상승했다. 하지

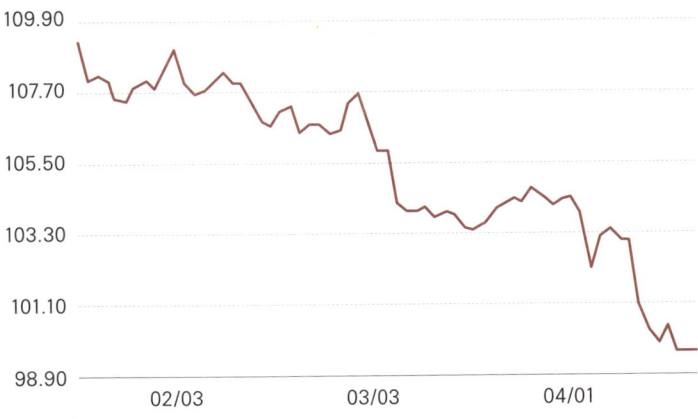

달러 인덱스 추이

자료: Bloomberg, 현대증권

만 트럼프 당선 직후부터 상승하던 달러 인덱스는 트럼프 취임일을 기점으로 하락 반전했다. 관세전쟁 우려로 높아지면서 달러화 자산에 대한 투자 심리가 약화한 데 따른 것이었다. 트럼프 관세정책의 피해가 결국 미국 경제에 더 나쁜 영향을 줄 것이란 전망 때문이다. 여기에 중국, 일본 등의 자금이 미국을 이탈한 것도 영향을 줬다.

미국의 소비자물가지수가 당초보다 크게 둔화한 것도 한 원인으로 꼽힌다. 물가가 내려간 만큼 미국 중앙은행이 금리를 인하할 수 있는 여력이 생긴 셈이기 때문이다. 이는 결국 달러 약세로 이어진다.

전문가들은 상호관세에 대해 다른 국가와의 협상이 진척이 있거나, 중국과의 대치가 약화되지 않으면 달러화 반등이 쉽지 않을 것으로 보고 있다. 여기에 트럼프 대통령은 미국산 제품의 가격 경쟁력 강화를 위해 약달러를 선호하고 있다. 결자해지할 가능성이 크지 않다는 것이다.

장기적으로 트럼프 행정부의 무역정책은 글로벌 기축통화로서의 달러 위치에 부정적인 영향을 줄 수 있다. 결국 달러의 가치와 국제적 지위를 약화시킬 수 있다. 이 경우 달러는 단기간 박스권, 장기적으로 하향세로 전환할 수 있다.

원화 약세에 시달리던 한국 입장에서는 상황이 개선될 수 있다. 한국은 달러 인덱스 하락에도 불구하고, 원화가 더 약세를 보이며 달러화 대비 약세를 이어가고 있었다. 상호관세 부과 이

달러 인덱스와 달러-원 환율 다이버전스(Divergence) 확대

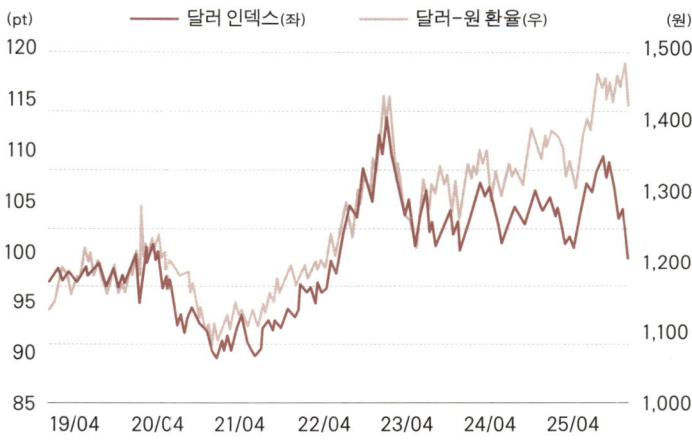

자료: Bloomberg, 현대증권

후 원화 강세로 돌아서긴 했지만 여전히 1달러에 1400원대 환율이 유지되고 있어, 수입물가 하락 등의 수혜를 기대하긴 어려운 상황이다.

상대적 강세가 예상되는 유로 등에 투자하는 것도 검토할 수 있다. 최근 오랜 약세에서 벗어난 엔화도 선택지에 올릴 수 있다.

달러 약세는 금과 같은 실물자산의 가치 상승으로 이어지기도 한다. 금은 전통적으로 인플레이션에 대한 헤지 수단으로 여겨진다. 달러 가치가 떨어질 때 그 상대적인 가치를 키운다. 각국 중앙은행의 금 매수세도 유지되고 있는 가운데 관세전쟁으로 불확실성이 커지면서 안전자산인 금에 대한 수요도 커지고

국제 금 가격 추이

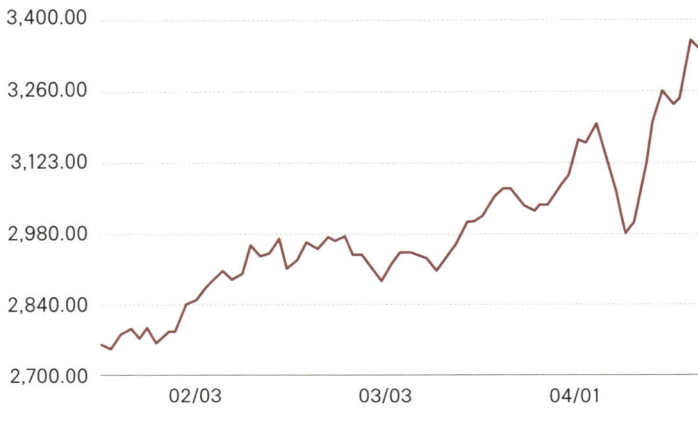

자료: Bloomberg, 현대증권

있다. 미국의 인플레이션 둔화와 이로 인한 금리 인하 기대감도 금값엔 긍정적이다. 금리가 인하되면 금과 같은 실물자산 가치가 높아지기 때문이다.

미국 자산에 투자하고 있다면 환헤지 여부도 고려해야 한다. 일반적으로 달러 약세가 예상되면 헤지를 하는 것이 더 유리하다. 원화로 환산했을 때 같은 가격이라도 금액이 적어질 수 있기 때문이다.

보수적인 투자자를 위한 배당주 투자

시중금리 하락은 배당주의 매력을 높이고 있다. 이런 점에서

고배당주 비중을 확대하는 것도 안정성과 수익성 측면에서 모두 고려해볼 만하다. 트럼프 행정부의 극단적 정책을 시장의 불확실성과 불안을 높이고, 이에 따라 금리 하방 압력으로 작용하고 있기 때문이다. 이는 결국 배당주에는 긍정적이다. 금리가 낮아지면 기업 입장에서는 차입 비용이 줄어들기 때문에 현금흐름이 좋아지고 이 역시 배당 증가로 이어진다. 다만 배당주라고 해서 모두 좋은 것은 아니다. 관세 충격에서 자유롭지 못한 기업들은 오히려 기업 이익이 줄어 배당이 줄어들 수 있다.

기업은 어떻게
리스크를 관리할 것인가

당장 기업들은 어디로 튈지 모르는 트럼프 리스크를 대응하기 위한 방안을 마련해야 하는 상황이다. 리스크 헤지 방안은 집중보다는 분산에 초점을 맞춰야 할 것으로 보인다. 한곳에 '올인'을 했다가 그곳이 트럼프 대통령의 집중포화 대상이 된다면 이에 대응할 방법이 없기 때문이다.

한국 기업은 생산기지, 수출시장 등에서 모두 새로운 장소를 찾아야 하는 숙제를 안게 됐다. 그동안 세계의 공장으로 작동하던 중국은 당분간 그 역할을 하기 어려워 보이기 때문이다. 동시에 미국 수출 역시 줄여야 하는 과제가 생겼다. 미국 수출을 줄이고 새로운 시장을 개척해 관세 영향권에서 벗어나는 전략이 필요하다.

환율과 금리 변동성에 대한 대응도 검토해야 한다. 트럼프 정부의 정책은 금융시장에 큰 영향을 주고 있기 때문이다. 기업

외부적인 요인으로 재무건전성 등에 타격을 입지 않기 위해서는 보다 보수적인 전략이 필요한 시점이다.

중국 다음 '세계의 공장'은?

한국의 주요 패키징 거점인 베트남(46%)을 비롯한 동남아시아 국가가 상당한 수준의 상호관세를 적용받았다. 인도네시아(32%), 대만(32%), 인도(26%), 말레이시아(24%), 캄보디아(49%), 방글라데시(37%), 스리랑카(44%), 미얀마(44%), 라오스(48%) 등이다.

지난 트럼프 1기에 중국에 대한 관세 많이 부과해서 글로벌 기업들이 베트남 등 동남아로 생산시설을 옮겼다. 중국 역시

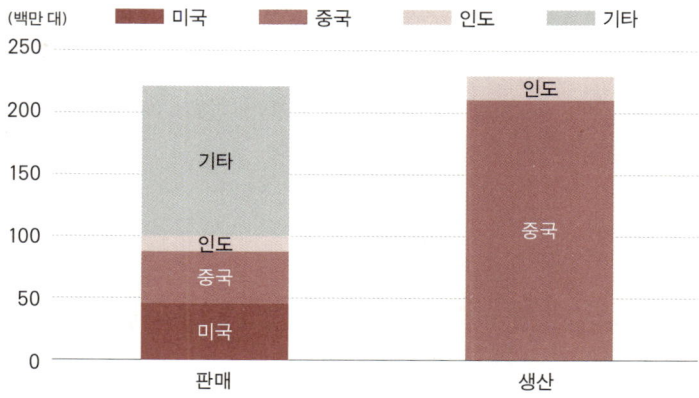

아이폰의 주요 국가별 공급과 수요 현황

자료: Techinsights, 삼성증권

우회수출로 이런 국가를 이용하기도 했다. 이런 이유로 트럼프 2기 행정부는 동남아 국가들의 관세를 높이 매겼다. 이전 효과가 상당 부분 없어진 셈이다.

하지만 그렇다고 해도 상호관세 시기에 한 국가에 생산시설을 몰아두는 것은 리스크가 더 크다. 공급망 다변화 전략이 필요하다. 미국의 애플 역시 중국에 집중된 생산시설을 인도, 베트남 등으로 이전해 공급망 리스크를 분산시키고 있다. 애플은 아이폰의 90%를 중국에서 생산하고 있는 만큼 타격이 클 수밖에 없다. 미국의 상호관세에 중국 역시 보복관세를 퍼부으며 두 나라 사이의 관세가 100%를 훌쩍 넘었기 때문이다. 물론 트럼프 행정부는 스마트폰 등 수입 전자제품에 대한 고율 관세를 일시적으로 면제하면서 한시름 놓긴 했다. 하지만 이 역시 하루아침에 트럼프 대통령 한마디에 달라질 수 있다.

일본의 토요타 역시 일본과 중국에서만 운영하던 생산기지를 미국, 태국, 아르헨티나 등을 더해 5개국으로 확대할 계획이다. 관세 부과에 따른 비용 증가를 최소화하고, 생산 중단 등의 리스크를 줄이기 위해 공급망 다변화는 선택이 아닌 필수 사항이 됐다.

한국 기업도 특정 국가에 의존적인 공급망을 재검토하고, 생산기지를 다양한 국가로 분산시키는 전략을 고려해야 한다. 특히 상대적으로 상호관세가 낮은 국가들에 주목할 만하다.

인도가 대표적이다. 애플 역시 중국에 집중된 아이폰 생산을 인도로 이전하는 것을 고려하고 있다. 인도에는 이번 26%의 상호관세가 부과됐다. 낮은 수치는 아니지만 중국, 캄보디아, 인도네시아 등 다른 아시아 주요 생산국들과 비교하면 비교적 낮다. 2025년 미국과의 무역협정 체결을 위한 협상을 진행 중인 것도 긍정적이다. 상호관세에 대해 중국처럼 맞대응 대신 협상을 하고 있어 추가 관세에 대한 우려는 적다. 동시에 협상 과정에서 상호관세가 낮아질 수 있는 가능성이 열려 있다.

다만 인도가 어느 정도까지 양보할 수 있을지 가늠하기 어렵다. 특히 인도의 농업 비중이 높은 것이 한계로 꼽힌다. 트럼프 대통령이 미국의 주요 수출품 중 하나인 농산품에 대한 수입관세 인하를 요구하고 있기 때문이다. 농업 종사자 비중이 높은 인도에는 부담이 될 수밖에 없다. 관세 인하를 약속해 미국과의 갈등을 푼다 해도 이후 국내적으로 반발에 부딪힐 수 있기 때문이다.

베트남도 미국과의 협상에 적극적이란 측면에서 주목할 만하다. 미국 소비자들의 불만을 최소화하기 위해 베트남과의 협의가 미국 정부 입장에서도 필요하다. 필수소비재 가운데 하나인 의류의 경우 베트남과 중국이 가장 큰 수출국이다. 중국을 타깃으로 하기 위해서는 베트남에 대한 협상이 필요한 셈이다. 베트남 정부도 적극적이다. 베트남은 관세정책이 발표된 후 미국에 빠르게 서한을 보냈고, 양국 간 수입품 관세 0%를 제시했다.

트럼프 2기 관세 정리

구분		중국	캐나다·멕시코	유럽연합	한국
개별 관세		20% (펜타닐 문제로 부과)	25% (USMCA 준수 품목은 제외)	X	X
보편관세		X	X	10%	10%
상호관세		125%	X	20% (90일 유예)	25% (90일 유예)
품목별 관세	철강·알루미늄	45%	25%		
	자동차	25%	USMCA 준수, 미국산 함량 비과세	25%	
	자동차 부품	25%	USMCA 준수, 미국산 함량 비과세	25%	
	반도체 포함 주요 전자제품	상호관세 적용 X 20% 펜타닐 관세 적용 O	반도체 포함 주요 전자제품 (스마트폰, 컴퓨터 등) 관세 미적용 (향후 조사 거쳐 부과 계획)		

자료: 언론종합, 현대차증권

    또 하나 기업들이 관심을 가질 만한 지역은 미국으로부터 수입을 많이 하는 국가다. 이들 국가는 관세가 낮아질 수 있다. 미 무역대표부의 계산법에 따르면 같은 단위로 미국 측으로의 수출, 수입이 늘어난다고 할 때 미국에서 수출이 늘어나는 쪽이 상호환세율 감축에 더 효과적이다.[*] 같은 상호관세율이 부과된

---

[*] 대외경제정책연구원(KIEP), 〈트럼프 2기 상호관세 조치의 주요 내용과 시사점〉, 2025년 4월 10일, Vol. 25, No. 6, p. 24.

국가라고 해도 미국의 수출액이 더 큰 국가에서 생산을 늘리는 것이 더 유리할 수 있다는 뜻이다.

미국산 함량을 관리하는 것도 중요하다. 미국산 함량이 20%가 넘는 품목에 대해서는 새로운 코드를 만들어 관리할 계획이다.[*] 기업들은 향후 통관 절차에서 미국산 함량이 20%가 넘는다는 사실을 증명할 수 있어야 혜택을 받을 수 있는 만큼 이를 증명할 수 있는 자료를 준비하는 것이 좋다.

멕시코와 캐나다도 좋은 선택지다. 여전히 여러 혜택을 보고 있기 때문이다. 한국 정부가 멕시코와의 FTA 협상 재개에 속도를 내는 것도 이 때문이다. 이곳에서 완제품을 만들면 USMCA(미국·멕시코·캐나다 협정) 체결을 활용해 무관세로 미국에 차량을 수출할 수 있다. 특히 제너럴모터스·포드·스텔란티스 등 미국 '빅3' 완성차 업체들도 멕시코에 진출해 이를 활용하고 있다. 우리나라도 기아차를 비롯한 완성차와 부품사들이 진출해 있다. 멕시코에 관세를 부과할 경우 미국 기업들의 피해도 적지 않을 것으로 예상된다.

인도? 베트남? 미국 다음 시장은?

생산기지를 다변화하는 것뿐 아니라 새로운 소비시장을 개

---

[*] 대외경제정책연구원(KIEP), 〈트럼프 2기 상호관세 조치의 주요 내용과 시사점〉, 2025년 4월 10일, Vol. 25, No. 6, p. 23.

척하는 것도 필요하다. 미국 시장뿐 아니라 동남아, 인도 등 다양한 국가로 판매처를 넓혀야 하는 것이다. 미국의 보호무역주의 강화로 인해 기존 주요 시장에서의 판매가 어려워질 수 있다. 기업들은 새로운 시장을 개척해 매출 감소를 보완해야 한다.

일본의 자동차 제조사인 토요타는 미국 시장 의존도를 낮추기 위해 동남아시아, 아프리카 등 신흥 시장에 적극 진출해 판매망을 확대하고 있다. 현재 중동·아프리카에서 17% 이상, 동남아에서도 30% 이상의 시장점유율을 차지하고 있다.

한국 기업들도 중동, 아프리카, 남미 등 신흥 시장에 대한 진출을 강화해 시장 다변화를 추진해야 한다. 이를 통해 특정 시

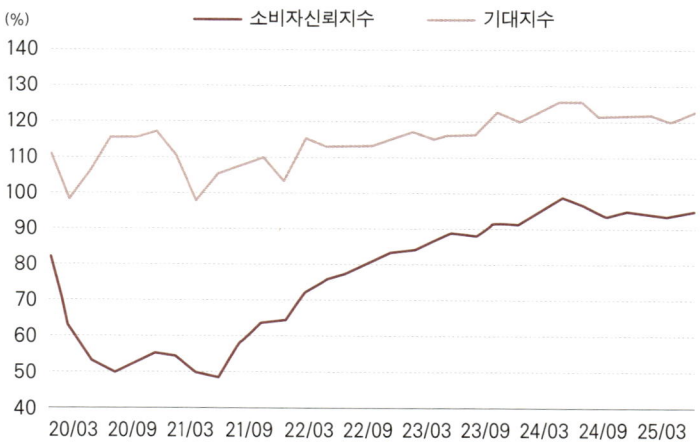

인도 소비자신뢰지수 및 기대지수

자료: Bloomberg, 하나증권

한국 주요 국가·지역별 수출 비중

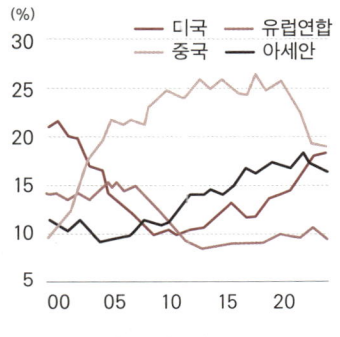
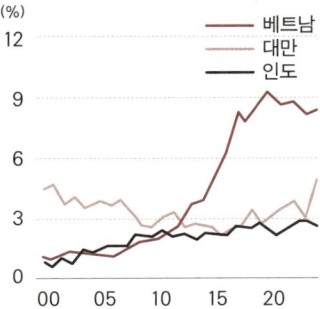

자료: CEIC, 신한투자증권

장 의존도를 낮추고, 글로벌 경쟁력을 강화할 수 있을 것이다.

가장 주목받는 새로운 시장은 인도다. 인도는 전 세계에서 가장 빠르게 성장하고 있는 나라다. 2000년 이후 인도의 명목 GDP 연평균 성장률은 12%에 달한다.* 2022년 식민 지배를 받았던 영국을 처음으로 추월해 세계 5위로 올라섰다.

성장잠재력도 높다. 2024년 기준 인구는 14억 5000만 명으로 평균연령은 27세에 불과하다. 중국이 담당했던 세계의 공장역할을 인도가 대체할 것이란 기대도 나온다. 미·중 갈등이 심화됨에 따라 공급망 재편의 수혜국이 될 수 있다는 예상이다.

정부의 적극적인 경제정책도 긍정적이다. 나렌드라 모디 총리는 2047년까지 인도를 선진국 반열로 끌어올리겠다는 목표

---

* LS증권, 〈미국 밖은 위험해?(인도편): 인도, 황금알을 낳는 거위일까?〉, 2025년 4월 8일. p. 6.

를 제시했다. 이를 위해 정부 주도도 적극적인 인프라 개발 정책이 이뤄지고 있다. 이는 제조업의 지속적인 발전뿐 아니라 해외 투자를 이끌어내는 유인으로 작용하고 있다. 결국 이런 투자 확대는 경제성장에도 긍정적인 영향을 줄 수 있다.

한국이 주요 생산기지로 사용하고 있는 베트남은 소비시장 역시 탄탄하다. 2025년 1분기 GDP 성장률은 전년 동기 대비 6.93% 성장했다. 외국인직접투자(FDI) 유입액도 109억 달러로 전년 동기 대비 77% 급증했다.

'널뛰는 환율, 불확실해진 금리', 어떻게 대응할 것인가

상호관세 부과 이후 환율 변동성이 커지고 있는 만큼 이에 대한 대비도 필요하다. 환율 변동과 금리 상승은 기업의 재무건전성에 직접적인 영향을 미치기 때문이다. 특히 수출입 비중이 높은 기업이라면 더더욱 환율 변동에 민감하게 대응해야 한다.

단기적으로 달러화는 약세를 보일 것으로 보인다. 트럼프 대통령은 미국산 제품의 경쟁력을 회복하기 위해 약달러를 선호하기 때문이다. 하지만 무역수지가 흑자가 되는 것은 결국 자본수지는 적자가 되는 것을 의미한다. 이 때문에 트럼프의 무역정책은 근본적으로는 달러 강세를 유도할 수밖에 없다. 이 때문에 당분간 달러는 큰 폭의 약세나 강세 움직임보다는 일정 범위의 박스권 안에서 움직일 가능성이 크다.

하지만 이는 안정적인 움직임이라고 보기 어렵다. 트럼프 대통령의 말 한마디나 정책에 따라 환율이 요동칠 수 있다는 점도 무시할 수 없기 때문이다. 이 때문에 기업은 환율 변동에 대비한 헤지 수단을 마련해두는 것이 바람직하다고 볼 수 있다.

다만 이번 관세전쟁이 경기 둔화로 갈 것인지, 경기 침체로 갈 것인지에 따라 상황은 달라질 수 있다. 만약 중국에 대해서는 강경 일변도로 나가지만 그 외 국가와 빠르게 협상을 진행한다면 금융시장 변동성은 약해질 것이고 경기는 침체에 이르진 않을 것이다. 이 경우 현재까지 4차례로 예상되고 있는 연준의 금리 인하가 본격화되는 하반기에는 달러화 약세가 본격화될 것으로 전망된다. 하지만 강력한 관세정책이 이어지며 경기 침체에 이르게 된다면 환율 변동성이 다시 심화할 것으로 예상된다. 특히 경기 침체 발생 전후로 달러가 급등할 수 있다. 경기 침체 가능성도 적지 않다. 빌 더들리 전 뉴욕연방준비은행 총재는 트럼프의 관세정책으로 인해 발생할 수 있는 가장 높은 가능성의 시나리오가 '미국이 더 높은 인플레이션을 동반한 완전한 경기 침체에 빠지는 것'이라고 우려하기도 했다.

장기적으로 트럼프 행정부의 무역정책 방향성이 이어진다면 달러는 약세로 돌아설 수 있다. 특히 기축통화로서 달러의 위상도 약화할 수 있다.

미국 중앙은행의 기준금리 인하도 이어질 것으로 예상된다. 시장은 올해 연준이 기준금리를 4차례 인하할 것으로 예상하고 있다. 다만 단기적으로 상호관세에 따른 물가 상승이 부담이지만 결국 소비 둔화가 이를 상쇄할 것이란 전망이다. 팬데믹 이후 자산효과 등으로 이어져 오던 소비가 위축될 수 있다는 뜻이다.

관세가 실제 가격에 영향을 미치기 전에 선구매하려는 소비자들의 행태도 경기에는 부정적이다. 실제 미국에서는 애플 아이폰 가격이 오르기 전에 아이폰을 사려는 사람들도 북새통을 이루기도 했다. 미국의 주요 투자은행(IB)들은 상호관세가 54%일 때 아이폰 가격이 30~40% 정도 오를 것으로 전망한 바 있다. 일단 스마트폰에 대한 상호관세 부과는 면제됐지만 품목별 관세가 얼마나 될지, 가격은 어디까지 오를지 예상도 어렵다. 이를 우려한 소비자들이 선구매에 나서면서 2분기 반짝 소비 증가가 예상되고 있다. 하지만 이는 향후 소비 사이클에는 부정적인 영향을 줄 수밖에 없다. 이런 상황에서 경기 부양을 위한 금리 인하가 필수적이다.

문제는 인플레이션이다. 만약 관세 인상에 따른 물가 상승 우려가 소비자들의 기대인플레이션을 계속 자극한다면 경기 침체에도 불구하고 금리 인하를 재개하긴 어려울 수 있다.

K-기업,
새로운 기회를 찾아라

한국 기업들도 생존 전략을 새롭게 짜야 한다. 위기의 국면에서 이를 극복하고, 성장할 수 있는 기회를 찾아야 한다. 한국의 주력 산업인 반도체는 미국의 대중 견제 속에 반사이익을 볼 수 있는 대표적인 업종으로 꼽힌다. 빠르게 추격하는 중국을 기술력으로 앞서나갈 수 있는 기회이기도 하다. 그동안 고성능 배터리에 집중해온 한국 배터리 기업은 수요가 늘고 있는 리튬인산철(LFP) 배터리 투자를 확대하는 기회로 삼을 수 있다. 또 그동안 중국 기업이 주도권을 잡고 있던 에너지저장장치 시장에서 도약할 수 있는 계기가 될 수 있다.

친환경 산업도 한국이 글로벌 선두 그룹으로 도약할 수 있는 여건이 마련됐다. 파리기후협약 탈퇴로 미국이 이니셔티브를 잃었기 때문이다. 앞으로 심화하는 기후변화 등에 대응하기 위한 기술력을 갖추는 것은 더 이상 선택이 아닌 필수인 만큼 압도적 선두가 자리를 비운 지금을 기회로 삼을 만하다.

반도체·배터리 기업의 새로운 기회 모색

트럼프 대통령이 발표한 상호관세에 반도체는 포함되지 않았지만 향후 자동차와 같은 품목별 관세가 부과될 것으로 보인다. 미국으로 직접 수출하는 물량이 많지 않은 것은 다행이다.

다만 반도체는 중간재이기 때문에 상호관세 영향에서 자유로울 수는 없다. 한마디로 한국 기업들은 조립이 이뤄지는 중국, 동남아 등으로 반도체를 수출하는데 이 국가들에 고율의 관세가 부과됐기 때문이다. 예를 들어 삼성전자의 스마트폰이 들어가는 반도체는 베트남으로 수출되지만 결국 이 스마트폰은 미국으로 가게 된다. 가격 인상에 따른 수요 감소가 예상되는 이유다. 반도체 주요 수입처인 애플 역시 중국 등에 공장을 가지고 있어 타격이 불가피하다. 이 때문에 메모리 가격 반등으로 나오던 업황 개선 기대감이 약화된 상황이다.

생각보다 한국 반도체 기업의 타격이 크지 않을 것이란 전망도 나온다. 한국 메모리 반도체에 대한 대체재가 없기 때문이다. 2024년 3분기 매출 기준으로 한국 메모리 반도체의 시장점유율은 디램(DRAM)이 75%, 낸드(NAND)는 56%에 달한다. 그리고 메모리 반도체의 주요 수요처는 미국의 정보기술 기업이다. 이 때문에 미국이 반도체에 관세를 부과한다면 이는 중국

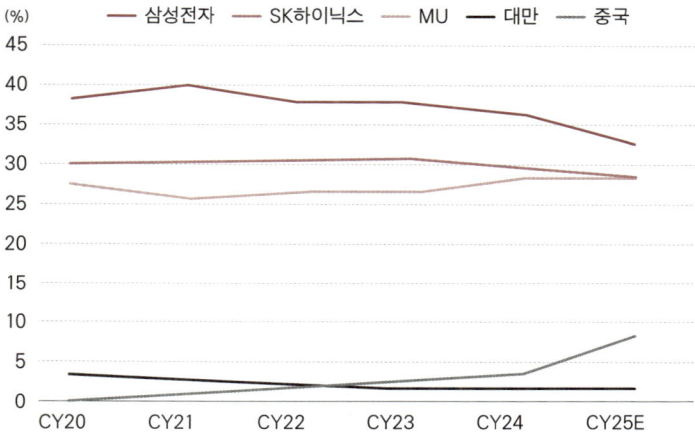

출하량 기준 연도별 디램 시장점유율 추정

자료: 각사 자료, IM증권 리서치본부

반도체 업체들을 겨냥할 가능성이 크다.

특히 미국의 대중국 규제로 중국의 반도체 굴기를 늦출 수 있다면 한국 기업에는 기회도 될 수 있다. 실제 트럼프 1기 행정부에서 중국에 대한 견제가 이어지면서 한국 기업들은 상대적인 수혜를 봤다. 문제는 중국의 자립이 어느 정도까지 가능한지다. 중국은 그동안 미국의 수출 통제 속에서도 반도체 자립을 위해 투자를 해왔고, 중국산 장비 업체들도 성장했다. 미국의 수출 통제로 중국 기업들의 중국 시장 내 점유율 확대도 기대된다. 중국은 자체 시장이 넓고, 연구개발에 대한 투자도 아끼지 않고 있어 통제 상황에서도 기술력 향상을 이어가고 있다. 중국이 자체적인 역량으로 반도체 굴기에 성공한다면 한국 기업들의 입지가 위축될 수 있다. 미국의 대중국 견제가 이어지는 사이 한국 반도체 기업들이 고부가가치 제품을 중심으로 경쟁력을 확보해야 한다는 지적이 나오는 이유다.

긍정적인 것은 한국 정부도 반도체 업계 경쟁력 강화를 위한 대응에 나섰다는 점이다. 정부는 상호관세 이후 반도체 업계와 간담회 등을 열고 '국가 AI 컴퓨팅 센터'에 국산 반도체 활용을 확대하기로 했다. 반도체 기업 입장에서는 새로운 수요처가 생기는 셈이다. 반도체 클러스터 조성에도 정부 지원을 약속했다. 반도체 제조 시설에 대한 분산 에너지 설비 설치 의무 적용 완화를 검토하는 한편, 유해화학물질 소량 취급시설 설치검사 처리기한 단축 등 규제 개선도 추진한다. 이 같은 분위기에서 '반

미국 내 공장 설립 계획을 발표하는 기업들

기업	투자 규모	공장 위치	생산 품목	비고
엔비디아	5000억 달러	텍사스 (폭스콘, 위스트론과 함께 공장 건설)	AI 칩, 슈퍼컴퓨터 등	2026년 중순 가동
현대차 그룹	210억 달러 (4년간)	조지아(전기차 공장), 루이지애나 (철강공장), 앨라배마 및 조지아 (기존 공장 확장)	전기차, 철강, 부품 현지화 및 공급망 강화	사람보다 로봇이 많으며 차체 공장 자동화율은 100%
소프트뱅크	1조 달러 (검토 중)	미국 전역에 AI 로봇 산업단지 조성 계획 검토 중	AI·로봇 기반 무인 공장	미확정
TSMC	1000억 달러	• 트럼프 대통령은 미국에 공장을 짓지 않으면 최대 100% 관세를 부과하겠다고 압박 중 • 최악의 시나리오: 현지 생산 물량 기준의 관세 부과 현실화		

자료: 각사 자료, 신한투자증권

도체 특별법' 입법을 비롯해 반도체 기업에 필요한 여러 제도 개선이 추가될 수 있다.

대만 TSMC 등 한국 반도체 기업의 경쟁자에 대한 미국의 제재가 강화되는 것도 긍정적이다. 글로벌 파운드리 업계에서 2024년 3분기 기준 대만 TSMC의 점유율은 60%가 넘는다. 트럼프 대통령이 반독점 조사 가능성을 내비친 것도 이 때문이다. TSMC가 2025년 3월 미국에 1000억 달러를 투자하겠다는 계획을 밝혔음에도 대만 상호관세율은 32%로 한국보다 높다. 여기에 미국 정부는 2025년 4월 8일 TSMC에 대해 제재 대상인 중국 화웨이에 우회경로로 제품을 판매했다며 최대 10억 달러의 벌금을 물 수 있다는 발표까지 했다. 파운드리 사업을 강화하려는 삼성전자 입장에서는 기회가 될 수 있다.

미국은 미국 안의 수입 자동차 및 특정 자동차 부품 수입에 대해 2025년 4월 2일부터 25%의 관세를 부과하고 있다. 다만 USMCA 규정을 준수하는 자동차 부품은 당분간 관세가 부과되지 않는다. 자동차 관세는 한국의 배터리 기업들에 영향을 줄 수밖에 없다. LG에너지솔루션, SK온, 삼성SDI 등 한국 이차전지 기업들의 대다수 배터리 공장은 미국 안에 있다. 자동차 관세에 대한 한국 이차전지 기업들의 직접적인 영향은 크지 않을 전망이다. 다만 미국 외에서 생산되는 전기차를 포함해 모든 완성차에 대해 관세를 부과하면 전기차 수요 자체가 감소할 수 있다. 전기차 가격 상승이 불가피하기 때문이다. 여기에 인플레이션감축법 전기차 텍스 크레딧 7500달러가 폐지된다면 미국 전기차 시장은 쪼그라들 수밖에 없다. 특히 한국 업체들은 미국 완성차 업체에 공급하는 비중이 높다.

상호관세로 중국 업체들의 영향력이 줄어든다면 배터리 기업에 기회가 될 수 있다. 그간 폭스바겐 등 규모가 큰 독일 기업은 중국 업체 배터리 탑재를 늘려왔기 때문이다. 다만 미국과 유럽연합 등의 관세 협상이 제대로 이뤄지지 않아 유럽연합 등 유럽 국가가 중국과 긴밀한 관계를 맺게 되면 한국 기업에 부담이 될 수 있다.

최근 수요가 늘고 있는 LFP 배터리에 대한 투자도 필요하다. LFP 배터리는 값비싼 니켈, 코발트 대신 인산철을 원재료로 사용해 가격이 저렴하다. 최근 전기차 판매가 줄면서 원가를 낮추기 위해 LFP 배터리 채용이 늘고 있다. 한국 기업은 LFP 배터리가 아닌 고성능 배터리에 집중했고, 이 부분의 시장점유율이 낮은 상황이다.

ESS 분야에서는 한국 기업에 기회가 될 수 있다. SNE리서치에 따르면 2024년 북미 ESS 배터리 수요 중 87%를 중국산 배터리가 채웠다. ESS는 전기차 캐즘 시기에 새로운 먹거리로 주목을 받는 분야다. 중국에 대한 관세가 매우 높은 상황이라 상대적으로 관세율이 낮은 한국 기업엔 호재가 될 수 있다. 사실상 중국 기업 외에 ESS 배터리를 공급할 수 있는 곳이 한국뿐이기 때문이다. 특히 미국 내 생산량이 많아 인플레이션감축법 상의 첨단제조생산 세액공제(AMPC)도 받을 수 있다. 다만 트럼프 대통령이 배터리 부문의 인플레이션감축법 보조금을 축소할 수 있는 등 정책 불확실성은 남아 있다.

멈춰선 파리기후협약, 친환경·신재생에너지 기업의 대응책은

트럼프 2기 행정부에서 가장 타격을 받을 것으로 예상되는 분야 중 하나가 바로 친환경과 신재생에너지 분야다. 트럼프 대통령은 ESG(환경·사회·지배구조) 측면에서 전임 바이든 행정부와는 상반된 입장을 보여왔다. 친환경 에너지 관련 규제를 완화하고, 화석연료 등 전통 에너지로 돌아가는 것이다. 이미 트럼프 대통령은 취임하자마자 파리기후협약을 다시 탈퇴하기도 했다.

한국 기업에 미치는 영향은 양면적이다. 일단 한국 기업의 ESG 부담이 완화될 것으로 기대된다. 한국 기업의 탄소배출량 감축 의무, 탄소배출권 구매 부담이 줄어들 수밖에 없다. 동시에 RE100 가입 부담도 줄어들 전망이다. RE100은 기업이 사용하는 전력의 100%를 2050년까지 태양광, 풍력 등 재생에너지로만 충당하겠다는 국제 캠페인이다. 원자력 에너지는 재생에너지로 인정되지 않는다. 이에 따라 탈탄소화 추진으로 발생하던 비용 부담이 줄어들 것으로 기대된다. 이처럼 에너지 전환 속도가 늦어지면서 화석연료나 원자력 기업에는 긍정적일 수 있다.

미국 정권에 따른 신재생발전설비 증감률

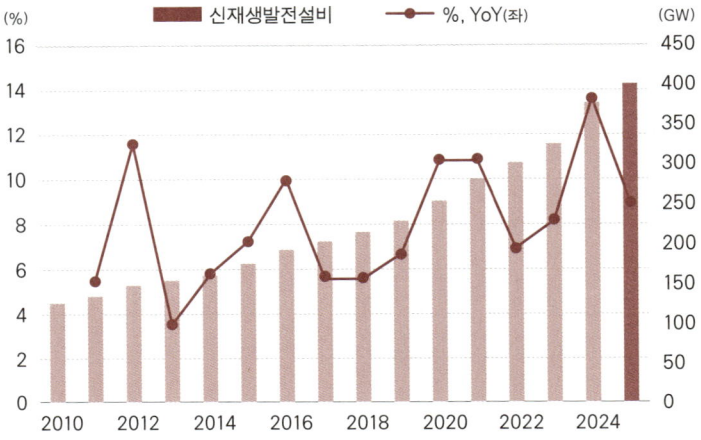

자료: EIA, KB증권

원유 및 천연가스 공급 증가로 가격 하락에 따른 수혜도 기대된다. 원가 절감에 도움이 되기 때문이다. 또 생산력을 늘리기 위해 원유 시추 등이 늘어나면서 관련 인프라 기업의 기회도 늘어날 전망이다. 반면 신재생에너지 기업은 타격을 받을 수밖에 없다. 친환경 관련 정부 보조금이 줄어들어 사업성이 떨어질 수 있다.

하지만 이러한 움직임은 결국 후퇴가 아닌 유예에 그칠 것이란 전망도 나온다. 미국 기업이 친환경으로 안정적으로 전환할 수 있는 시간을 벌어주기 위한 것이다. 연방 정부의 정책과는 별개로 주 정부는 자체적으로 규제를 강화할 수 있다. 전 세계적으로 기후변화에 대한 우려가 커지는 상황에서 미국이 언제까지나 친환경 정책을 무시할 수는 없을 것이란 분석이다. 일반적으로 생각하는 것과 달리 신재생에너지 공급은 미국의 정권 교체와 상관없이 성장을 지속해왔다. 실제 트럼프 1기 행정부에서도 신재생발전설비 용량은 연평균 7.2%의 속도로 증가했다. 풍력발전 용량은 오히려 트럼프 정부의 연평균 성장률(9.8%)이 바이든 정부(6.9%)를 상회했다. 태양광설비 또한 트럼프 재임기간 동안 23.2%의 성장률을 기록했다.*

유럽연합 역시 탄소중립 목표 달성이 현실적으로 어렵다는 점을 인정하고, 관련 규제의 일시적인 유예를 발표하기도 했다. 하지만 이 역시 친환경 정책을 포기한다는 의미는 아니다. 이미 세계는 친환경 에너지를 향해 빠르게 가고 있다. KB증권에 따르면 전 세계 전력 생산에서 청정에너지 비중은 40.9%(2024년 기준)에 달했다. 40%를 돌파한 것은 1940년대 이후 처음이다. 경제성도 높아지고 있다. 2023년 신규 도입된 재생에너지 프로젝트의 81%가 화석연료 발전 대비 경제성이 높은 것으로 나타났다.** 더 이상 신재생에너지가 보조금 없이는 운영될 수 없는 비효율적인 에너지원이 아니라는 뜻이다.

유럽은 친환경 에너지 부분에서 정책적 모멘텀이 기대된다. 특히 독일은 최근 '부채 브레이크'를 해제했다. 신규 부채를

---

* KB증권, '트럼프 2.0, 신재생에너지에 가지는 의미는', 2024년 11월 8일.
** KB증권, 〈글로벌 에너지 전환과 주주행동주의: 시장 주도의 ESG 가속화〉, 2025년 4월 11일, p. 1.

재생에너지 발전량 비중

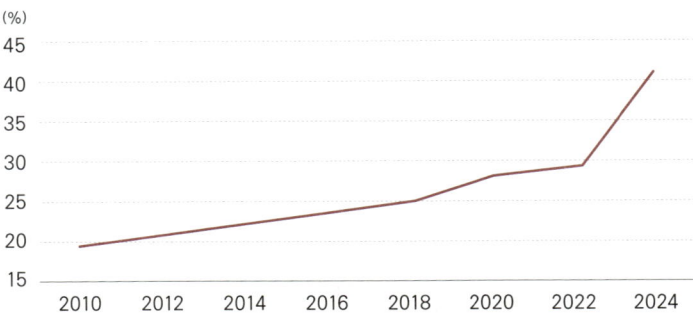

자료: Ember, KB증권

독일과 유럽의 재정확장 조치

지역	규모	세부 내용
독일	인프라 투자 5000억 유로, 국방비 지출 600억 유로(추정)	• 인프라 투자: 향후 12년에 걸쳐 교통, 통신, 디지털, 전력 및 친환경 인프라에 투자 • 국방비 지출: 향후 4년에 걸쳐 투자
유럽연합 전체	국방비 지출 8000억 유로	• 유로존 국가 대상 6500억 유로의 재정 여력 창출 • 유럽연합 집행위원회 주도 1500억 유로의 대출 제공 • 향후 4년에 걸쳐 투자

자료: 언론종합, NH선물 리서치센터

GDP의 0.35%로 제한하는 것을 완화했다. 또 국방비 부채 한도를 사실상 무제한으로 늘릴 수 있게 했다. 그리고 인프라 투자에 대응하기 위해 5000억 유로의 특별기금도 조성한다. 이 중 1000억 유로 정도는 친환경 에너지 프로젝트에 특화된 환경 및 에너지 전환 펀드로 배정됐다. 그만큼 독일에서 친환경 사업의 성장 가능성이 커진 셈이다.

글로벌 기업들과의 전략적 제휴와 M&A

한국 기업들은 보다 능동적이고 다변화된 생존 전략이 필요하다. 그중에서도 글로벌 기업과의 전략적 제휴 및 인수합병(M&A)은 한국 기업이 직면한 불확실성을 극복할 수 있는 가장 현실적이고 효과적인 방법으로 꼽힌다.

전략적 제휴나 M&A는 단순히 기업의 외형을 확장하는 수단을 넘어 새로운 기술을 확보하고 시장 진출의 장벽을 낮추며, 무엇보다 불확실한 글로벌 환경 속에서 리스크를 분산하는 데 중요한 역할을 한다. 이러한 전략은 이미 국내 주요 대기업들이 앞서 실행에 옮기며 그 가능성과 효과를 입증한 바 있다.

SK하이닉스는 2020년 미국 인텔의 낸드 플래시 메모리 사업 부문을 약 88억 4400만 달러에 인수했다. 2025년 3월 이 인수를 마무리하며 글로벌 시장에서 입지를 공고히 하고 있다. 인수를 통해 SK하이닉스는 디램에 집중돼 있던 사업을 낸드 분야로 넓혔다. 글로벌 솔리드 스테이트 드라이브(SSD) 시장에서의 점유율도 높일 수 있을 것으로 기대된다. 빅테크 기업들이 데이터센터 투자를 확대하면서 SSD는 고대역폭메모리(HBM)에 이어 또 다른 성장동력으로 주목받고 있다. 단순한 자산 인수 이상의 전략적 의미를 지녔다는 평가가 나오는 이유다.

LG에너지솔루션도 미국의 제너럴모터스와 함께 전기차 배터리 합작법인 '얼티엄셀즈'를 설립하며 북미 전기차 시장 공략에 박차를 가했다. 이 협업은 단순한 투자 차원을 넘어, 미국 정부의 인플레이션감축법에 대응하기 위한 사전 포석이기도 했다. 미국 현지 공장에서 생산을 하고 북미에서 주로 수주를 하면서 보조금 혜택을 극대화할 수 있었다. 인플레이션감축법 최대 수혜 기업이 LG에너지솔루션이란 평가도 나왔다.

글로벌 무대에서는 이러한 전략적 제휴와 M&A가 더욱 활발하게 이뤄지고 있다. 대표적인 사례 중 하나는 대만의 반도체 파운드리 기업 TSMC와 일본의 소니가 일본 구마모토에 반도체 공장을 공동 설립한 사례다. 일본·대만 반도체 동맹을 상징하는 이 공장은 몰락한 일본 반도체를 부활시킬 계기로 여겨진다. TSMC 역시 일본 공장의 수율(전체 생산품 중 정상품의 비율)이 월등하게 좋다고 평가한다. 수율은 반도체 파운드리 분야에서 절대적인 경쟁 요소다.

반도체 설계 기업 퀄컴 역시 2021년, 스웨덴의 자율주행 기술기업 비오니어를 인수하며 전장 분야에서의 입지를 강화했다.

관세전쟁 등으로 불확실성이 커진 지금 한국 기업들에게는 이 같은 전략적 제휴와 M&A가 좋은 포석이 될 수 있다. 먼저 글로벌 리스크 분산의 현실적인 수단이 될 수 있다. 공급망 불안과 같은 외부 변수는 단일 국가, 단일 공장에 의존하는 기업일수록 더 큰 타격을 받을 수밖에 없기 때문이다.

앞으로 미국의 상호관세를 시작으로 각국의 보호무역 정책이 강화될 것으로 예상된다. 이때 현지 생산과 현지 파트너를 기반으로 한 구조는 규제를 우회할 수 있는 좋은 조건이 될 수 있다. 시장에서 검증된 기술이나 인력을 빠르게 흡수해 경쟁력을 확보할 수도 있다.

불확실성이 일상이 되어버린 세계 경제에서 경쟁력을 갖춘 파트너를 찾아 협력하고, 필요시 과감하게 인수하는 것은 이제 선택이 아닌 '생존을 위한 필수 전략'이라고 할 수 있다. 특히 반도체, 배터리, AI, 친환경 에너지와 같은 미래 산업의 핵심 분야에서는 이러한 흐름이 더욱 두드러질 것이다.

트럼프 2.0 시대에서
살아남는 법

　트럼프 2.0시대의 키워드는 단연 '불확실성'이다. 미국이라면 이렇게 할 것이란 예상과 기대는 무너졌다. 어떤 기준보다는 트럼프 대통령의 생각에 따라 결정되고, 논리가 만들어지는 모습을 보게 된다. 기존의 문법과 다른 트럼프 대통령의 행동에 보폭을 맞춰 걸을 방법을 찾아야 하는 셈이다.

　트럼프 대통령은 철저하게 자국 우선주의를 편다는 점도 기억해야 한다. 모든 것은 미국의 직접적인 이익이 우선이다. 상호 관세 역시 이를 위한 한 방편이다. 트럼프 대통령은 기축통화로서 달러가 글로벌 경제 안정에 큰 도움을 주고 있지만 이로 인한 비용을 미국이 오롯이 부담하고 있다고 생각한다. 이를 함께 부담하지 않는 다른 모든 국가가 미국을 착취하고 있다는 주장이다. 사실 여부와 상관없이 트럼프 대통령이 이렇게 인식하고 있다는 점이 중요하다. 이에 대한 대응책을 찾아야 하기 때문이다.

동시에 장기적으로 변화하지 않는 가치를 찾는 것이 중요하다. AI 전환 등 트럼프 대통령의 정책으로 바꿀 수 없는 시대적 흐름이 있다. 기업과 투자자 모두 이런 분야를 찾아 불확실성을 줄여나가는 노력이 필요하다.

미·중 패권 경쟁 속에서 기회를 찾는 법

그야말로 격동의 시기다. 도널드 트럼프 전 대통령의 재집권으로 세계는 다시 격랑에 빠져들었다. 트럼프 1기에서 시작된 '미국 우선주의'는 2기에는 한층 더 강력해졌다. 미·중 간의 패권 경쟁 역시 심화되고 있다.

상호관세 부과 과정에서도 이를 확인할 수 있다. 전 세계 상호관세에 90일 유예기간을 발표한 트럼프 행정부는 중국에 대해서는 계속되는 보복관세를 부과하고 있다. 미국의 타깃이 중국이라는 것을 사실상 명확히 드러냈다. 전문가들은 미국이 동맹국 등 각국과의 협의가 마무리되면 중국에 대한 압박을 강화할 것으로 보고 있다.

트럼프 행정부의 중국에 대한 압박은 전방위적으로 이어질 전망이다. 무역, 기술, 외교, 군사 등 모든 분야에서 중국을 견제할 것이란 뜻이다. 첨단기술 분야에서는 수출 통제와 투자 제한을 강화할 것으로 예상된다. 이러한 조치는 미국의 국가안보와

트럼프 1기 정부 주요 미·중 무역분쟁 사례

시기	미국	중국
2018년 2월	무역법 201조, 태양광 패널 및 가정용 세탁기 관세 인상	-
2018년 3월	무역확장법 232조, 철강(25%), 알루미늄(10%) 추가 관세	-
2018년 4월	-	232조 관세에 보복 관세 부과 (미국산 제품 128개 대상)
2018년 6~8월	무역법 301조, 중국산 제품에 대한 전방위 고율(25%) 관세 (1차 6월 1일, 2차 8월 1일 대상 순차적 부과)	미국산 545개 제품에 대한 보복 관세 부과(관세율 25%)
2018년 9월	무역법 301조, 3차 고율(10%) 관세 부과(List 3)	미국에 대한 3차 보복 관세 시행
2019년 1월	-	대미국 자동차 및 자동차 부품 보복 관세 부과 유예
2019년 2월	무역법 201조, 태양광 패널 및 가정용 세탁기 관세 인하	-
2019년 6월	무역법 301조, List 3에 대한 관세율 10%에서 25%로 인상	-
2019년 9월	List 4에 대한 고율(15%) 관세 부과, 중국 환율 조작국 지정	미국산 제품에 보복 관세 부과, 대미국 희토류 수출 중단 압박
2019년 10월	고위급 무역협상(1단계 구두 합의)	고위급 무역협상(1단계 구두 합의)
2020년 1월	1차 무역협상 (무역수지 조정, 기술 이전 방지)	1차 무역합의(무역수지 조정, 기술 이전 방지)
2020년 2월~	중국산 제품에 대한 순차적 관세 인하	미국산 제품에 대한 추가적 관세 인하

자료: 언론종합, 신한투자증권

경제적 이익을 보호하기 위한 것으로, 중국과의 디커플링은 가속화될 전망이다.

트럼프 1기 행정부 때의 경험을 바탕으로 더 세밀한 조준을 이어갈 것으로 예상된다. 트럼프 1기 행정부 당시는 중국에 대한 강력한 압박이 쉽지 않았다. 트럼프 1기 행정부 당시 관세 부과로 중국의 평균 관세율은 3.1%에서 19.3%로 크게 높아졌다. 하지만 미국이 관세를 부과하면 중국은 위안화 절화, 즉 위안화를 약세로 만들어 수출품의 가격 경쟁력을 유지했다. 돼지고기, 과일, 대두, 자동차 부품 등에 보복관세를 부과하며 즉각 대응하기도 했다. 우회수출 통로를 활용해서 관세의 영향을 받지 않고, 미국으로 수출하는 방식도 활용했다.

트럼프 대통령의 더 세밀해진 압박은 글로벌 경제의 구조적 변화를 가져올 전망이다. 자유무역주의의 후퇴와 함께 각국이 자국 중심으로 공급망을 재편할 것으로 보인다. 국가 간의 경제 블록화와 보호무역주의가 강해질 것이란 전망이다. 결국 글로

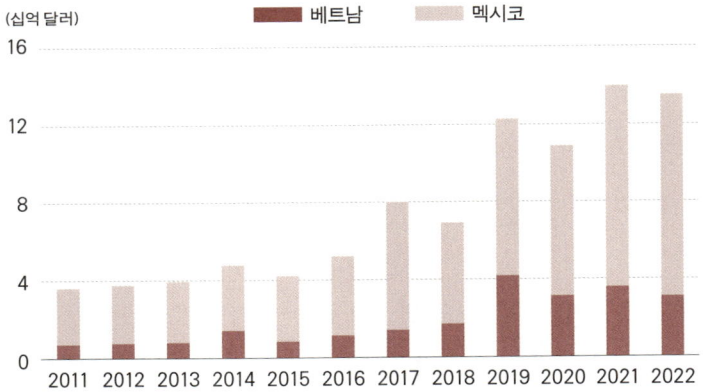

중국의 베트남, 멕시코 경유 대미 우회수출

자료: KITA, 신한투자증권

중국의 품목별 베트남, 멕시코 경유 대미 우회수출

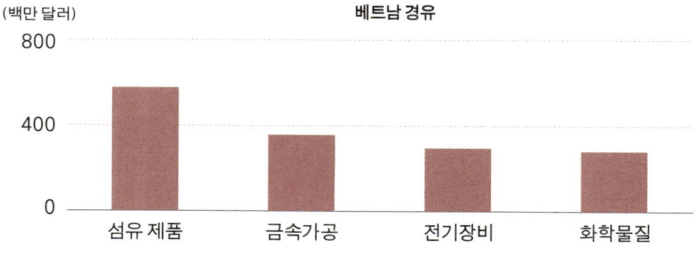

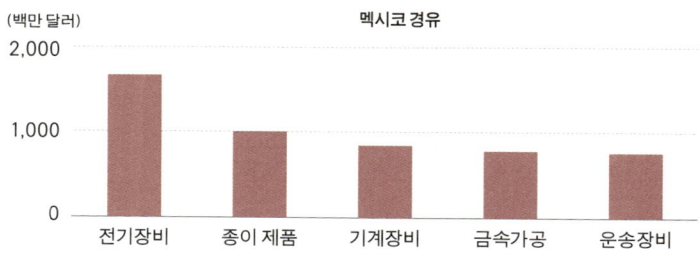

* 2015년 대비 2022년 증감폭.
자료: KITA, 신한투자증권

벌 공급망의 복잡성과 불확실성을 증가시킬 수밖에 없다.

트럼프 2.0 시대의 미·중 패권 경쟁은 단순한 양국 간의 갈등에 그치지 않는다. 그간 전 세계에서 통용돼온 경제 질서가 재편되는 것을 의미한다. 이런 근본적인 변화 속에서 기업과 투자자는 위기를 기회로 전환하기 위한 전략적 사고와 실행력이 요구된다. 미국과의 관세 협상이 잘 마무리되면 좋겠지만 이 역시도 확신할 수 없다. 트럼프 대통령은 상호관세 10%가 최저세율이라고 밝힌 만큼 부담은 생각보다 클 수 있다.

상호관세 면제 대상 IT 제품의 중국 노출도

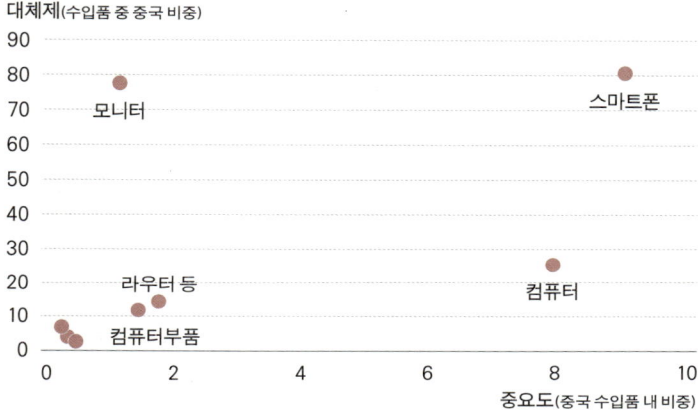

자료: Bloomberg, 삼성증권

미국 주요 IT 디바이스의 중국 수입 의존도

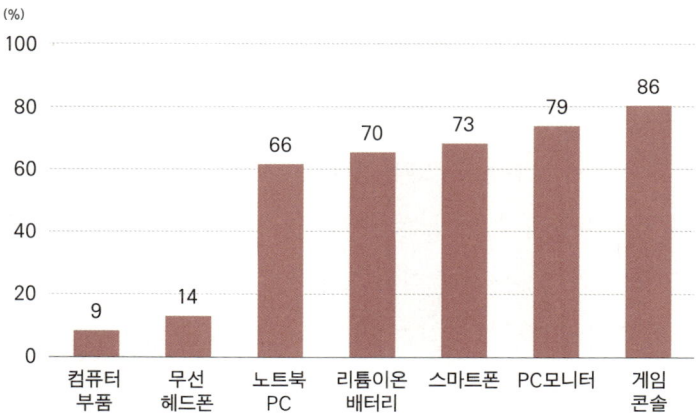

자료: USITIC, Bloomberg, 삼성증권

개인투자자들은 미·중 갈등이 심화되는 상황에서 특정 국가나 산업에 집중하는 투자가 위험할 수 있다. 다양한 지역과 산업에 대한 분산 투자로 리스크를 낮춰야 한다. 예를 들어 실적 시즌을 앞두고 낙폭이 과대한 미국 대형 기술주를 담는 한편 동남아 내수시장이 견고한 지역의 소비재에 투자하는 식이다.

다만 단기간에 큰 수익을 기대하는 투자는 지양하는 것이 좋다. 트럼프 대통령의 정책이 어떻게 바뀔지 예상하기 어렵기 때문이다. 상호관세 90일 유예를 발표하는 동시에 중국에는 추가 관세를 부과하는 식이다. 여기에 2025년 4월 12일에는 자국 업체인 애플, 엔비디아 보호를 목적으로 스마트폰, 컴퓨터, 메모리칩 등을 상호관세 부과 대상에서 제외하기도 했다. 하지만 이 역시 자동차와 같은 품목 관세로 다시 묶일 가능성도 있다.

기업은 유연한 공급망 구축과 지역 다변화를 통해 지정학적 리스크에 대응해야 한다. 동남아시아, 아프리카 등 신흥 시장으로의 진출이 방법일 수 있다. 이런 시장은 성장잠재력이 높아 장기 먹거리가 될 수 있다. 생산시설 역시 분산시켜 상호관세 등 무역분쟁의 영향을 최소화하는 방안을 찾아야 한다. 기술보호주의 강화에 대비해 핵심 기술의 내재화와 연구개발 투자를 확대해야 한다. 글로벌 경제의 흐름을 선제적으로 파악하고, 변화에 민첩하게 대응할 수 있는 조직 문화를 구축해야 한다.

정부와의 협력도 중요하다. 트럼프 대통령은 관세를 통해 무역적자를 줄이고, 비경제적 부분에서도 미국의 이익을 챙기려 하고 있기 때문이다. 2025년 1월 콜롬비아가 불법 체류자를 태운 항공기의 착륙을 거부하자 바로 50% 관세 보복을 언급한 것이 대표적이다. 당시 콜롬비아와 타협을 통해 관세 부과를 유예하긴 했지만 정치적인 목적을 위해 관세를 얼마든지 활용할 수 있다는 트럼프 대통령의 원칙을 읽을 수 있다.

신냉전 시대의 글로벌 경제 흐름 이해하기

바야흐로 '신냉전' 시대가 시작되고 있다. 미국과 소련의 이념적 대립으로 빚어진 20세기 냉전과는 다르다. 경제, 기술, 외교, 안보, 공급망 등 다각도로 전개되는 미국과 중국의 패권 경쟁이다.

트럼프 2기 행정부가 끝나고 나면 다시 미국이 자유무역의 기치를 숭상하는 국가로 이전의 모습으로 돌아올까. 이 역시 미국과 중국의 패권 경쟁이 지속될 수밖에 없다는 점을 고려하면 확언하기 힘들다. 어느 정도 회귀는 가능하겠지만 미국 중심의 공급망 재편을 위한 보호무역 확산은 이제 정권과 무관한 구조적인 변화로 자리 잡을 것이다. 지난 바이든 행정부 역시 대중 무역정책의 경우 대체로 기존 트럼프 1기 행정부의 정책을 유지했다. 미국 우선주의, 보호무역 강화, 제조업 부흥, 자국 내 생산 확대 등은 변수가 아닌 상수가 된 셈이다.

트럼프와 바이든 집권 시 미국 무역적자 규모

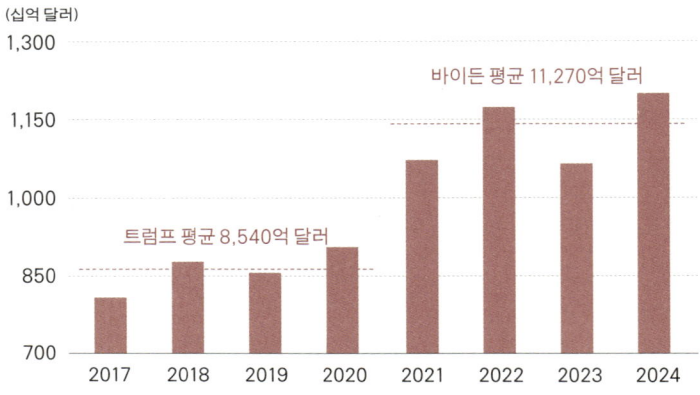

자료: LSEG, 신한투자증권

    각국은 기술주권 확보와 자원안보 강화를 위한 조치를 강화하고 있다. 세계는 점점 더 '블록 경제'로 분화하고, 국가 간 경쟁과 갈등도 상시적으로 일어날 수 있다. 이미 트럼프 1기 행정부와 코로나19 팬데믹을 거치면서 아시아 지역은 역내무역이 확대되고 있다. 국가 간 자유로운 수출입을 막는 제약이 예상치 못하게 빈번하게 이뤄지면서 그동안 효율적이라고 믿어왔던 글로벌 가치사슬은 오히려 리스크가 됐기 때문이다. 주요국은 안정적인 무역을 위해 역내 우호국을 중심으로 무역구조를 재편했다.*

---

* 한국무역협회, 〈공급망 분석을 통해 살펴본 한·중 무역구조 변화와 시사점〉, 2024년 24호, p. 5.

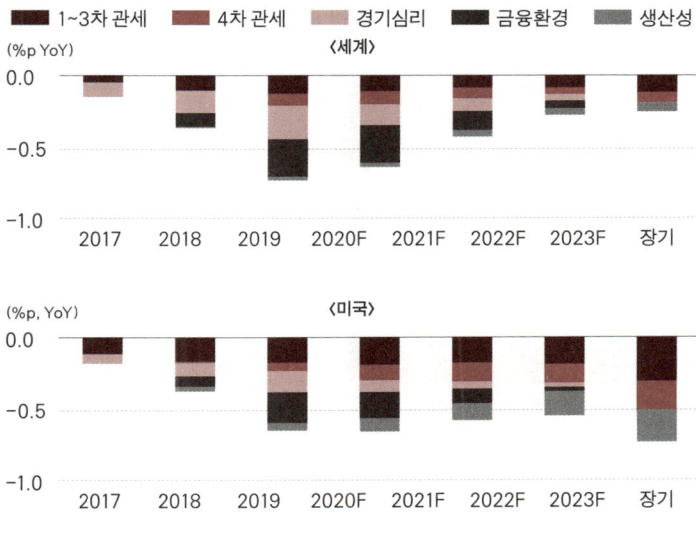

G2 무역분쟁으로 인한 경제성장률 하락폭

* 2020년부터는 정책 영향 추정치.
자료: IMF, 신한투자증권

새로운 글로벌 흐름은 금융시장에도 영향을 미친다. 주식시장은 방위산업, 에너지, 반도체, 원자재 등 전략산업에 대한 투자 수요가 늘어날 수 있다. 반면 글로벌 교역 의존도가 높은 정보기술 플랫폼 기업이나 중국 내 사업 비중이 높은 기업들은 불확실성 속에 수익성이 악화될 수 있다.

외환시장 역시 시대의 흐름을 피할 수 없다. 미·중 긴장이 높아질 경우 투자자들은 위험회피 성향을 보인다. 안전자산으로 꼽히는 달러화, 금, 엔화 등으로 자금이 모일 수 있다. 다만 경기침체 여부, 미국의 금리 인하 등으로 인해 달러화는 약세로 전

주요 완성차 업체 지역별 생산 비중

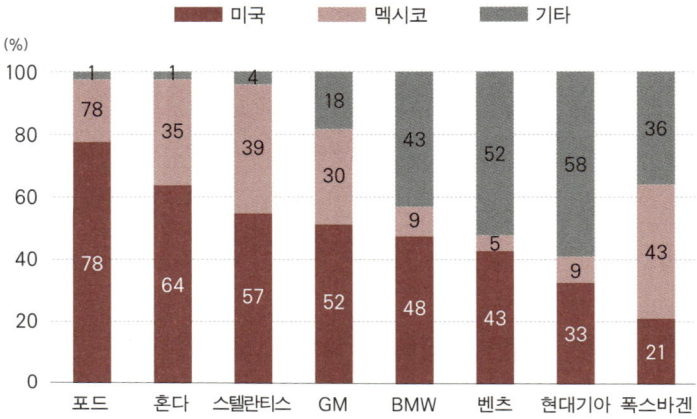

자료: BloombergNEF, 한국투자증권

화할 수 있다. 어쨌든 환율의 변동성이 커진다는 것은 동일하다. 이에 대한 대비가 필요하다.

산업별로 보면 한국의 주요 수출품인 반도체 산업은 신냉전의 중심에 있다고 해도 과언이 아니다. 미국은 자국 기술이 중국으로 넘어가는 것을 차단하기 위해 반도체 장비 수출을 제한하고 있다. 글로벌 기업인 삼성전자와 TSMC는 미국 내 공장 증설을 잇따라 약속했다. 이는 한국 기업에는 기회가 될 수 있다.

자동차 및 배터리 산업도 비슷하다. 미국의 인플레이션감축법은 미국 내에서 생산된 전기차와 부품에만 보조금을 제공한다. 물론 이 역시 트럼프 대통령에 의해 축소될 수 있지만 아직

미국과 중간 간의 교역 20% 감소 시 GDP 감소 영향 분석 결과

순위	국가	GDP 감소 금액(백만 달러)	GDP 감소 비중
1	중국	-47,310	-0.33%
2	미국	-32,643	-0.16%
3	일본	-1,052	-0.02%
4	한국	-1,016	-0.07%
5	대만	-894	-0.14%
6	호주	-561	-0.04%
7	독일	-527	-0.01%
8	캐나다	-385	-0.02%
9	멕시코	-310	-0.03%
10	러시아	-268	-0.02%
	세계	-90,172	-0.11%

자료: 포스코경영연구원

까지는 미국 내 생산에 대해서는 혜택을 받을 수 있다.

이처럼 중국과 미국의 디커플링이 강화하는 글로벌 흐름은 수출 의존도가 높은 한국 경제에 직접적인 영향을 미칠 수밖에 없다. 2023년 기준 한국의 대중국 수출 중 중간재 비율은 78.4%로 2016년 대비 5.5% 상승했다.[*] 그만큼 중국의 수출이 줄어들면 한국의 수출 역시 줄어들 수밖에 없는 구조다.

한국은 지정학적으로 미국과 중국 사이에 있고, 경제적으로도 긴밀하게 연결돼 있다. 한쪽의 경제적·정치적 정책 변화에

---

[*] 한국무역협회, 〈공급망 분석을 통해 살펴본 한·중 무역구조 변화와 시사점〉, 2024년 24호, p. 13.

모두 민감하게 대응해야 한다. 트럼프 2.0 시대는 단순한 정치적 이벤트로 끝나지 않는다. 전 세계 무역 질서의 변화를 가져올 수 있고, 이에 따라 경제, 외교, 산업 등 모든 분야에서 새로운 전략을 요구하는 분기점이 될 수 있다.

기업과 투자자의 장기 전략

미·중 패권 경쟁은 무역, 기술, 외교, 안보를 아우르는 복합적 갈등이다. 동시에 단순한 일시적 마찰이 아니라, 세계 질서와 경제구조의 재편을 불러오는 상시적 마찰이기도 하다. 기업과 투자자는 단기적 혼란에 매몰되기보다 재편된 구조 속에서 꺾을 수 없는 시대적 흐름을 읽고 장기 전략을 수립해야만 한다.

디커플링과 보호무역, 기술자립과 공급망 재편은 이미 시작된 흐름이며, 이 흐름은 앞으로 최소 수년간 이어질 가능성이 높다. 하지만 그 와중에도 확실한 것은 있다. '지속가능성'과 '첨단기술', '전략산업'은 그 어떤 정치적 변화에도 흔들리기 어려운 시대적 흐름이다. 글로벌 지정학 리스크와 공급망 리스크가 확대되는 와중에도 반도체, 에너지, 친환경, AI·데이터 산업은 장기적으로 우상향할 가능성이 크다.

반도체 산업은 미국의 '칩스법'과 유럽의 '유럽연합 반도체법'처럼 국가 차원의 전략산업으로 여겨지고 있다. 한국 역시

'반도체 특별법' 제정을 추진하는 등 국가 전략산업으로 지원을 검토하고 있다. 불확실성이 높아질수록 이들 핵심 산업과 기술의 중요성은 더 커진다.

투자자 입장에서는 단기 수익률만을 추구하는 투자보다 구조적 리스크를 낮추는 전략이 필요하다. 생산기지와 수출시장, 기술 파트너를 다변화한 기업에 투자하는 것이 상대적으로 안정적이다. ETF나 글로벌 인덱스, 섹터 중심의 포트폴리오 전략도 가능하다. 국가별 리스크는 완화하면서 테마 중심의 투자를 할 수 있기 때문이다.

트럼프 시대의 보호무역 강화나 공급망 재편처럼 정책 변화가 클수록 기업은 단기 실적이 아닌 지속 가능한 경영전략을 통해 위기를 극복해야 한다. ESG는 단순한 사회적 책임 차원이 아니라, 이제는 투자 유치, 파트너십, 글로벌 거래에 있어 '필수 조건'이 되고 있다.

인재 양성에도 나서야 한다. 디지털 전환, AI, 탄소중립 대응과 같이 새로운 역량이 요구되는 환경에서는 기존의 인력구조로는 한계에 부딪힐 수밖에 없다. 인재 확보를 통해 장기적인 기술 경쟁력과 시장 지배력을 확보해야 한다. 인재를 확보하는 것만으로는 부족하다. 확보한 인재들이 최대한의 역량을 발휘할 수 있도록 조직 구조와 문화 자체도 혁신돼야 한다.

트럼프 2.0 시대 중요한 것은 방향성이다. 변화는 이미 시작됐고, 앞으로 더 거세질 것이다. 이 변화의 흐름 속에서 시대를 관통하는 키워드를 중심으로 장기 전략을 세워야 한다. 시장을 바라보는 시야를 단기에서 장기로, 나무에서 숲으로 확장하면 위기 속에서 기회를 찾을 수 있을 것이다.

TARIFF WAR

관세전쟁

1판 1쇄 인쇄 2025년 05월 09일
1판 1쇄 발행 2025년 05월 16일

지은이 추동훈, 이승주, 강영연
펴낸이 김기옥

경제경영팀장 모민원
기획 편집 박지선, 양영선
마케팅 박진모
지원 고광현, 임민진
제작 김형식

디자인 푸른나무디자인
인쇄·제본 민언프린텍

펴낸곳 한스미디어(한즈미디어(주))
주소 04037 서울특별시 마포구 양화로11길 13(서교동, 강원빌딩 5층)
전화 02-707-0337 | **팩스** 02-707-0198 | **홈페이지** www.hansmedia.com
출판신고번호 제 313-2003-227호 | **신고일자** 2003년 6월 25일

ISBN 979-11-94777-10-6 (13320)

책값은 뒤표지에 있습니다.
잘못 만들어진 책은 구입하신 서점에서 교환해 드립니다.